「問いかけ」から
すべてはじまる

質問力が人と組織を伸ばす

野村克也

詩想社
— 新書 —

［まえがき］

すべての成長は「なぜ」からはじまる

人と組織の成長のために、何がいちばん必要だろうか。

私がそう問われたなら、迷うことなくそれは、「問いかける力」だと答える。これは、長年、プロ野球の監督として人材育成の現場に携わり、自分もプレーヤーとして能力開発に懸命に取り組んできた経験から得た確信だ。

人の成長、組織力の向上は、「なぜ？」と問いかけることが原点となって始動する。

「なぜか？」と自問することで人は成長し、リーダーが「なぜか？」と問うことで、人材も組織も潜在能力を開花させる。人生とは、「なぜ」の積み重ねで発展していくものなのだ。

「なぜ？」と疑問をもったものはそれをきっかけに思考を深め、自分なりの問題意識を育んでいく。そして、その問題意識から成長のヒントを得て、自分を伸ばしていくのだ。

たとえば、何か失敗をしたときに、「なぜ」失敗したのだろうかと自身に問い、そこから課題をつかみ、次はうまくやろうと対策を立てて取り組むのは、その典型だ。失敗したのに「なぜ」を己に問わないものには、問題意識も生じず、成長もない。

失敗の事例だけではなく、日常のさまざまな場面に「なぜ」は存在する。伸びていく人間は、こうした「なぜ」を察知する感性が鋭く、逆に、カラを破れない人間はそういったことに対して鈍感なタイプだ。

実際には、鈍感型人間のほうが大多数である。だから指導者は、問いかけることで、相手の問題意識を喚起し、成長を促さなければならない。

指導者が問い続ければ、言われた人間のなかに、疑問や問題意識が芽生えてくるのだ。それがその人間の成長を促すヒントとなり、能力が開発されていく。

組織力を伸ばそうとリーダーが考えたときも、各人への問いかけが有効だ。組織力を上げるために、個人がいかに行動するべきかといったことは、指示をしてやらせてもあまり意味がない。

とかく指導者というものは、技術論にしても、「こうしなさい」、「ああしなさい」と指示をしたがるものだが、それでは本当の意味で相手を動かすことはできない。

上から与えられたり、押しつけられた「答え」ではなく、自分で考えてつかみ取った「答え」でないかぎり、本人は納得して行動にうつさない。だからこそ、指導者が問いかけることで、相手が「答え」にたどり着けるようにもっていくことが重要なのだ。組織に貢献するためにどのようにあるべきか、といった問題意識が生まれるように指導者が問いかければ、組織力も必ず向上していく。

監督時代には私も、選手たちに質問をするように常に心がけていた。私が質問をすることで、選手たちのなかに、「なぜか？」というさまざまな疑問、問題意識が想起されることを狙っていた。

常に「なぜか？」と考えるものは伸びていき、「なぜか？」と考えさせることでその人間と組織の潜在能力を開花させることができる。「問いかけ」とは、人と組織の成長全般に関わっているのだ。

本書の第1章では、自分自身を伸ばそうと考えている人が、日々、どのような疑問、問題意識をもって思考していけば、自分の能力をさらに伸ばしていけるのかを述べた。漫然と過ごすと気づかない成長のヒントも、目のつけ所によって気づくことができることがわかるはずだ。

第2章では、指導者が、どのような問いかけを、どのような相手にすれば、その人材の潜在能力を開花させることができるのかを述べた。指導者が「気づき」をもたらすことで、人は大きく変わることができるのだ。

第3章では、組織力アップのために、指導者がどのような問いかけをすればいいのかを述べた。忍耐強く問い続けることで、組織力も必ず伸びていくことを理解してほしい。

第4章では、自分を伸ばしていくために必要な「感性」の鍛え方について述べた。

人を成長へと駆り立てる疑問や問題意識は、日常のなかに無数にある。しかし、これら成長のヒントは、普通に暮らしているだけではなかなか得ることはできない。それらを常に感じ取れるように、感性を鋭くするための方法論について考えてみた。

本書が自分を成長させたいと考えている人、人材と組織の能力を伸ばしたいと考えている人にとって役に立てば、著者としてこれほどうれしいことはない。

野村克也

「問いかけ」からすべてはじまる◎目次

第1章 伸びる人は「問いかける力」をもっている

第2章 「問いかけ」で潜在能力が開花する

第3章

「問いかけ」で組織を伸ばす

第4章 「感性」を鍛えると人は成長する

企画協力／ Athlete Solution
校正／萩原企画
構成／雲沢丹山

第１章

伸びる人は「問いかける力」をもっている

「問いかける力」をもつものだけが伸びていく

私がプロ野球の世界に入ったのは1954年のことだった。まさかそのときは、80歳を過ぎてまで、この世界に関わっているとは夢にも思わなかった。

テスト生としてなんとか南海に入団したときには、誰からも将来を期待されていない無名のブルペンキャッチャーであった。同期入団の選手たちがあっという間に消えていくなか、私はそこから次第に頭角を現し、ホームラン王、三冠王などのタイトルを獲得、強打の捕手として球界を代表する選手となることができた。

また、指導者としても、南海、ヤクルト、阪神、楽天などで監督を務め、名将としての評価をいただくこともできた。

いま、自身のこれまでの球界での道のりを振り返ってみると、よくぞここまでやってこれたものだと、我ながら驚かされる。

甲子園など夢のまた夢。田舎の無名の高校球児で、目立った素質などなかった私が球界で成功することができたのは、ひとえに、「なぜ」の積み重ねによって、ここまで歩んできたからだと、いま実感している。

多くの選手たちとともにプレーし、監督としてもたくさんの選手たちを指導してきたが、「人と組織の潜在能力を最大限に引き出すものは何か？」といま問われたなら、私は迷うことなくそれは、「なぜなのか？」と「問いかける力」だと答える。

「なぜなのか」と自問することで、人は自分の能力を最大に伸ばしていくことができる。また、「なぜなのか」と誰かに問われることによって、その人間の問題意識が喚起され、能力が開発されていく。指導者が個々のメンバーに問い続けることで、組織全体の力を向上させることも可能になる。

つまり、「問いかける力」こそが、人間の成長全般にわたって、もっとも重要な要素といえるのだ。

なぜ、「問いかける力」が、それほどまで人の成長に関わっているのだろうか。

プロ野球界でも、日々、なんの疑問ももたず漫然と練習をし、試合をしているだけの選手は、あっという間に消えていく。

その一方で、常に「なぜなのだろう?」と疑問を感じ、問題意識をもっている選手は、まわりから抜け出し、一軍の選手として活躍するようになっていく。

「なぜ、打てなかったのか」、「なぜ、抑えられなかったのか」、「なぜ、エラーをしたのか」、「なぜ、あのようなフォームなのか」、「なぜ、あのような言い方をしたのだろうか」……、日常のなかには、数えきれないほどの「なぜ」があるのだ。

それらを日ごろから感じ取ることができ、「なぜだろう?」と問いかける力をもつ人間は、その「問い」に対し思考し、自分なりの答えを模索するものだ。

そして、そこから得たヒントを糧にして、試行錯誤を繰り返し、さらに新たな疑問、問題意識を感じ取っていく。

このプロセスこそが、人が成長するということだと私は考えている。「問いかける力」が、人を成長へと駆り立てているのだ。まさに人生自体が、『「なぜ」にはじまって、「なぜ」に終わる』といってもいいのだろう。

この章では、どのような問いかけをするものが自分の能力を伸ばしていけるのか、「問いかける力」によって自分を伸ばしていく方法について、私の考えを述べていこう。

「なぜできなかったか」を自分に問いかける

「なぜか」と考えることで人は成長する。その最たるものが、失敗をしたときの対処である。

「なぜ、打ち取られたのか」、「なぜ、エラーをしてしまったのか」、「なぜ、抑えられなかったのか」、その原因を追求することこそが、進歩である。

何かできないことがあったとき、失敗したとき、つい言い訳をしてしまう人間がいるが、そういった選手は伸びていかない。

言い訳をする選手にかぎって、やるべきことをやっていない場合がほとんどだ。体調のせい、審判のせい、気候やグラウンドコンディションのせい……など、自分以外の外部に責任を求める人は、なぜミスをしたのか自分を追及することから逃げているのだ。

体調のせいであれば、これまでの自己管理に問題があるということであり、グラウンドコンディションに対応できなかったのなら、準備不足はなかったのか検証するべきだ。

ミスの原因は、必ず自分のなかにある。

伸びていく人間は、「自分のなかにある原因は何か」を検証して、「その原因に対して、次はどう対処するか」といったところまで自問自答し、思考が深まっていく。

しかし、言い訳がクセになっている選手は、自分以外の何かに原因を求めて、そこで思考が停止してしまうのだ。

そういったタイプの選手は、ミスの検証ができていないので、必ず同じ失敗を繰り返すものだ。自分以外のもののせいにしても、何も現実は好転しない。現実を変えるには、自分が対処するしかない。

失敗とは、実は、成長の大いなるチャンスなのだ。人はミスをすることで、その悔しさから次はどうすればいいのかを考え、対策を練り、実践にうつしていく。これが成長のプロセスだ。

そのときにいちばん必要なのが、ミスの原因がなんであるのか自分自身に問いかけることだ。これは簡単そうに見えて、実はたいへん難しいことでもある。誰しも自分の劣った点や弱点からは、目を背《そむ》けたいと本能的に反応するからだ。

そのため自分ではミスを真摯に検証しているつもりでも、どこか甘くなったり、「仕方ない」と考えてしまいがちな傾向がある。

しかし、そこで常に、自分の改善すべき点、自分がやるべきことにまで思いが至る人間は、必ず能力を伸ばしていくことができる。

なかなか結果を残せない選手が、「素質がないから自分はだめだ」などと言うことがあるが、これなども言い訳の典型といえる。

親からもらった体格、運動神経などを理由にしてあきらめているようでは、その人間の成長はそこで終わりだ。

確かに自分は体格的に一軍選手としては劣っている、運動能力も見劣りするということがあったとしても、そこであきらめるのではなく、厳しい現実を直視したうえで、「では、自分はどうするか」と問い続け、自身の可能性を模索していくことが大切なのだ。

現実を踏まえ、ここを改善しよう、この部分を伸ばしてなんとか一軍に必要とされる選手になってやろう、と考えられる選手だけが自分の能力を最大限伸ばしていける。

「なぜ、できないのか」を自分自身に真摯に問い、現状を変えるために自分が何をするべきかまで探究できる人間が、未来を切り拓いていくことができるといえる。

うまくいった理由を追究する

　失敗をしたときに、「なぜ、ミスをしたのか」を自分に問えるものが伸びていくとは前述したが、「なぜ、うまくできたのか」、「なぜ、勝てたのか」についても検証することが非常に大切だ。

　人は負けたとき、失敗したときは、放っておいてもある程度は原因を考えるものだ。しかし、勝ったときに、「なぜ勝てたか」を考えるものは意外に少ない。これは、盲点ともいえる。

　ほとんどの人が検証しないからこそ、私などは、勝ったときやうまくいったときの理由を検証することのほうが、能力の向上には大事だと考えている。

　理由は二つある。

自身の戦略や対策、これまでの準備が功を奏してうまくできた、勝ったというときは、事後に答え合わせをして、実体験をデータとして自分のなかに蓄積する絶好のチャンスといえる。

それなのに、ほとんどの人はただ、「勝った！　勝った！」と喜んでいるだけのことが多く、これでは誠にもったいない。

どのような要因で勝てたのか、うまくいったのか、そこを検証して、勝つためのノウハウとして整理しておくことで、以後、同様のケースや、他のケースにおいても応用できる知恵となる。

またもう一つ、勝ったときの検証が大切だと述べる理由は、それによって「変化を読む」ことができるようになるからだ。

自分が勝ったとしたら、相手は負けているわけだ。立場を代えて考えればわかると思うが、相手はこちらに「なぜ、負けたのか」を、必死に検証している可能性が高い。そして次は絶対に負けないように、対策を練ってくるはずだ。

たとえば、敵ピッチャーのボール球に手を出して凡打の山を築いたなどといった敗因を分析したとしたら、次に対戦するときは、その分析を生かして、バッターが狙い球を絞ってくるなど、戦い方を変えてくるだろう。

その相手の変化をいち早く読むためにも、勝利のあとに、「なぜ勝ったのか」を検証しておくのだ。

それによって、事前に相手の変化を予測して先回りすることも可能だし、相手が何か違う動きをはじめたとしても、織り込み済みなので慌てることもない。

自身のスキルアップのためには、「勝ち」、「負け」の検証はどちらも重要であるが、長年、キャッチャーを務めた私からすると、勝ち続けるためには、「なぜ勝ったのか」の検証のほうが大事だと考えている。

うまい人に遭遇したときこそ自分自身に問う

自分をレベルアップさせたい、成功したいと考えるときは、現実にいる「誰か」を成功モデルとして目標に定めることが大切だ。

野球界においても、一流の技術を身につけようとするときに、一から十までオリジナルの技術を開発することは不可能だ。まずはこうなりたいと考えるお手本の「誰か」を定めて、その技術を模倣することからはじめることが、レベルアップの近道だ。

その技術を真似ていくなかで、さまざまな気づきを得て、試行錯誤することで自分流の技術が創造されていくのだ。プロで一流といわれる人たちの技術も、そうやって誰かの模倣からスタートして開発されていったものがほとんどだ。

だからこそ一流の選手ほど、うまい選手の技術を模倣しよう、盗もうという意欲が旺盛だ。

技術の模倣の第一ステップは、うまい選手の技術を丹念に観察することだ。その際、ただ単に「すごいな」と思って見ているだけでは当然だめだ。

「その技術のポイントはどこなのか？」

「それをどうすれば自分もできるようになるのか？」

といった問題意識をもち、それを問い続けなければ技術習得はかなわない。

私はプロ入り4年目でパ・リーグのホームラン王のタイトルを獲得したが、翌年、変化球への対応ができないという弱点を徹底的に突かれて、極度の打撃不振に陥ってしまった。

三振を量産するなか、どうしたら変化球を打つことができるのか、監督やコーチに聞いても、

「ボールをよく見て、スコーンと打ちゃいいんだ」

といった程度のアドバイスしか得られなかった。

結局、プロ野球の世界は、素質だけでやっている人間がほとんどなのだ。高度な技術を言語化して、説明できる人間はほとんどいない。意識などせずとも、自然にできてしまう人たちの集まりなのだ。

思いあまった私は、オールスター戦の際に、当時、リーグを代表する右バッターの山内一弘さんを質問攻めにしたこともあった。

当時私は、山内さん流のバッティング技術をものにしようと、徹底的に分析し、また模倣しながら自分のフォームを構築していた。山内さんは内角のシュート打ちにたいへん定評があり、どうやって変化球を打っているのか、そのコツを知りたいとかねてから思っていたのだ。

そこで意を決して、

「先輩はどうやって変化球に対応していらっしゃるのですか」

と聞いたのだが、

「そのうち打てるよ」

「経験や」

というなんの役にも立たない答えしかもらえなかった。

のちに引退後、山内さんにお目にかかった際、どうしてあのとき教えてくれなかったのかを尋ねてみると、

「そりゃお前さんはライバルなんだから、簡単に企業秘密は教えられんよ」

と笑っておっしゃっていた。

確かに、企業秘密という側面もあったかもしれないが、やはり、山内さんをしても、技術的なものを言葉を通じて説明することが難しかったというのが真実ではないかと、いま、私は思っている。

基本的な技術や表面的なことは、言語化して説明できるかもしれないが、一流の技術の核心部分については、やはり無意識のうちにできてしまっているので、本人にはなかなか言語化して説明できないのだ。

結局、高度な技術は見て盗むしかないということだ。

そのためには、うまい人の技術を丹念に観察する。そして、その技術の核心はどこなのか、何によってそれが可能となっているのか、どうすれば自分もできるよう

になるのか、問題意識をもって自身に問い続けることが大事だ。その答えにこそ、技術習得のヒントがある。

その技術の核心が何かを探究する

技術習得に関して、私のエピソードをもう一つ話そう。

テスト生から入団したプロ1年目、私はピッチャーたちの投球をブルペンで黙々と受けるだけの控えキャッチャーとしての生活を続けていた。

誰からも技術指導などされず、満足な打撃練習もさせてもらえなかった。選手が足りず、たまたま一軍の試合に出たこともあったが、11打数ノーヒット、5三振だった。

なんとか2年目を迎えることはできたが、当時、キャッチャーとしては肩の弱かった私は、二軍監督の指示で、キャッチャーから一塁手へとコンバートされてしまった。

コンバート指令をしぶしぶ受け入れた私だったが、腹の底では、1年間、一塁手として二軍の試合に出場し続けて結果を残し、その間に肩の強化もしてキャッチャーに復帰しようと密かに考えていた。

そのため当時は、どうすれば肩を強化できるか、そのことばかりを考えていた。そして、肩の強化はもちろんだが、送球動作自体も素早くする技術を身につけようという考えに私はたどり着いた。

目をつけたのが、当時、阪神のショートを守っていた吉田義男さんだった。「牛若丸」と呼ばれるほど、華麗な守備で多くのファンを魅了していた。

本当に目に見えないほどのグラブさばきで、いま捕ったかと思うと、もうファーストのミットに送球がおさまっているのだ。ファーストを守る遠井吾郎さんが、「頼むから、もう少しゆっくり放ってほしい」とお願いしたくらいだという。

私もその華麗な守備に見とれながら、なんとかあの送球技術を自分のものにできないかと考えた。あれほど素早く、正確に送球できれば、多少肩が弱くても、それをカバーできるはずだ。

しかし一見したところでは、吉田さんの魔術師のような動きからは、その技術をどうすれば自分のものにできるかわからない。ビデオなどもない時代である。私は繰り返し、繰り返し吉田さんの守備を観察した。

するとようやく、上体で素早く投げているように見えて、実は、足腰をしっかり使っていることがわかってきた。素早く、そして強く正確に投げるためには、足腰を使わなければならない。野球の基本中の基本ではあるが、そのことにいまさらながら気づいたのだった。

私は、足腰の鍛錬を強化し、吉田さんの体の使い方を参考にして試行錯誤を繰り返した。「牛若丸」とまではいかないが、自分でも次第に送球技術が向上していくのがゆっくりとではあるが意識できるようになっていった。

その甲斐があったのだろう、2年目のシーズンが終わって秋季練習のとき、私は二軍監督に直訴して、念願のキャッチャーへの復帰をなんとか勝ち取ることができたのだった。

うまい人、できる人は、自分を成長させるいい材料だ。しかしただ、「すごいな」

と思って見ているだけでは、成長しない。どうすれば自分もそのようにできるのかといった問題意識をもって、その技術の核心部分を探求するものが伸びていくといえる。

伸びる人の問いかけ方

常に「なぜだろう」と、疑問をもっている人間は伸びていく。そのような人間の特徴は、日ごろからまわりの人間にそれとなく質問をしたり、読書などの調べ物をするといった行動に表れるものだ。

そして、何か知りたい情報があったときも、それを聞き出すことがうまい。高度な技術的なことはいくら聞いても、相手が言語化して答えられないということもあるが、それ以外の何かの情報やノウハウなどは、相手がポロッと話すことも考えられ、「質問する」という行動自体はけっして無駄ではない。

ただ、そのような情報の多くは、相手もあまりしゃべりたくないものである場合が多い。なるべく教えたくない、話したくない、隠そうという対応を取ることが多いのだ。

だからこそ、そこをうまく聞き出したり、探り出せる人間は、その他の人間よりも確実に伸びていく。だが、プロ野球界では、そういったタイプはほとんどおらず、仮に知りたいことがあったとしてもなかなか人に尋ねない人間がほとんどだった。

私も長年、監督をやってきてそれなりの評価も得ているから、指導法などについて他のチームのコーチや監督、選手から質問を受けることがよくあるのではないかと誤解している人もいるが、実際、私に指導法はおろか野球論にしても質問してくるような人間はほとんどいなかった。

野球選手はある種の個人事業主であり、それぞれが一国一城の主としてのプライドをもっているものだ。ましてやそれがコーチや監督などといった指導者の立場の人間になると、この傾向はとても強くなる。

他人に聞くということが、恥ずかしくてできないのだ。質問をするということは、自分のレベル、理解力が相手にあらわになる瞬間ともいえる。「こんなことも知らないのか」、「この程度のことを考えているのか」などと、自分の本当の力量をのぞかれたくないといった意識が働くのだ。

このようなプライドは、自らを成長させていくという場合には邪魔になるだけだ。

そのような球界で印象的だったのは、私が楽天の監督時代に、ソフトバンクのコーチだった森脇浩司だ。彼は楽天と試合があるときは必ず、試合前に私のところにやってきて、たくさんの質問をぶつけてきたものだ。

それも、聞きたいことを事前に箇条書きにして、一つも漏らさぬといったふうに必死に食い下がってくる。常に疑問をもっている人間は、それだけ聞き出すことにも長けているものだが、森脇はそのいい例だった。私の時間を無駄にしないよう、効率的に知りたい情報をすべて得ようと、入念な準備をして私のもとに来ていることがすぐにわかった。

研究熱心だった森脇はその後、オリックス・バファローズの一軍監督も務め、低迷するチームを立て直し、クライマックスシリーズ進出に導くまでの手腕を発揮したのだった。

私の場合、現役時代の情報収集の場は、オールスター戦だった。ここで私はたくさんの情報を収集したものだ。直接話さなくとも、他の選手との会話をそばでそれとなく聞くだけで、頭を使って野球をしているタイプか、そうでないかはすぐにわかる。

考えているタイプはこちらもそれなりの対応が必要になるが、そうではないタイプなら、こちらはあまり考えすぎずに対処すれば抑え込むことができる。

私はキャッチャーであるから、パ・リーグを代表する他チームのエース級の球をオールスターでは受けることができる。これは、その後のペナントレースで対戦するときの貴重な情報収集の機会だった。

当時、リーグを代表する投手に阪急のエースである山田久志がいた。彼の変化球のなかで、どうしても分析できない球種があった。

それはスライダーだった。この球に手を出して、打者が凡打するというケースがよくあったのだが、この変化球を山田が意図して投げているのか、それともナチュラルで変化してスライダーのように見えるのかが、いまひとつ判別できないでいたのだ。そのため、こちらも明確な対策を立てられずにいた。

私はオールスター戦で山田の球を受けるときに、この点を聞き出そうと密かに考えていた。しかし面と向かって、

「お前のスライダーは球種として身につけたものか、それとも自然に回転してスライダーになることがあるのか」

と聞いたとしても、リーグを代表するエースにまでなった男だけに、そんなことを正直に答えたら相手を利するだけだと感づいて、まともに答えてくれるはずはない。

そこで私は、一計を案じた。試合前のサインの打ち合わせ時に、かまをかけることにしたのだ。

「指1本ならストレート、2本はカーブ、3本はシュート、4本ならスライダーで行こう。どや?」

と山田に話しかけたのだ。すると彼は、

「えっ?　僕にはスライダーはありませんよ。投げません」

と答えたのだった。

「しめた！」。私は内心ほくそ笑んだ。これでわがチームの、山田への対策が一段と確かなものになったのだった。

常に疑問をもち、問いかけるものは成長すると述べたが、その問いかけ方もうまくならなければ意味がない。相手から知りたいことを引き出すために頭を使うものだけが、確実に伸びていくといえる。

たった一つの「なぜ」が人生を大きく変える

疑問をもつ力は、ときに人生をも変えるほどの力をもつことがあると私は考えている。私の球界での人生も、一つの「なぜ」をきっかけにして大きく展開していったといってもいいだろう。

１９６７年、私のいた南海に、元メジャーリーガーのドン・ブラッシンゲーム（通称・ブレイザー）が移籍してきた。

ブレイザーは１９５６年からカージナルスの正二塁手に定着して活躍、58年にはオールスターゲームにも出場。61年にはレッズのナショナル・リーグ優勝に貢献して、ワールドシリーズにも出場している。50年代末から60年代初頭にかけてのメジャーリーグを代表する選手といっていいだろう。

日本に来てからも、その華麗な守備と勝負強いバッティングは健在で、67年、68年にはベストナインにも選ばれる活躍を見せている。

ブレイザーと同じチームになって驚いたのは、彼が意外なほど小柄だったことだ。身長は１７５センチ前後で、日本人選手にまじってもまったく目立たない体格である。

当時、メジャーリーグのイメージといえば、私たち日本人選手にとっては日米野球で対戦するときの印象がすべてで、パワーとスピードの野球といったイメージであった。

そのメジャーリーグで体格も日本人と変わらぬ小柄なブレイザーが10年以上も活躍し、オールスターやワールドシリーズにまで出場することができたのは、いったいなぜなのだろうか。私は彼と会ったときから、そのことが不思議でならなかった。

きっと彼は、私にはわからない「何か」をもっているに違いない。そのおかげで、メジャーで活躍できたのだ。私はそう考え、その謎を解くために、遠征の際などは必ず、通訳をともなって、ブレイザーを食事に誘って出かけた。

彼から聞くメジャーの話は初めて聞く話ばかりで、たいへん興味深いものだった。そしてさまざまな話を聞き出すなかで、彼をメジャーの一流選手にしたものがわかったのだ。

それは、彼の「頭脳」だった。ブレイザーによればメジャーの野球も、単なるパワーやスピードだけではなく、緻密な戦術を背景とした考える野球だという。その頭を使うという部分において、ブレイザーは非常に長けており、メジャーでも一流を極めることができたのだと私は確信した。

彼は私に、

「ピッチャーが投げて、次に投げるまで間があるだろう。なんで野球というスポーツには、こんなに間があるのかわかるか」

と質問したことがあった。私が、

「それは、考える時間があるということかな」

と答えると、

「その通り。それが野球の特徴だ。その時間に考え、備えなければならないのに、日本人にはそれが全然できていない。野球の本質がわかっていない」
と言って彼は嘆いていた。

ブレイザーは、それまでの南海の選手たちが考えたこともなかった野球の概念を教えてくれた。状況別の進塁打の打ち方や走塁の方法、中継におけるカットマンの役割、キャッチャーのサインと連動した守備陣形について……など、頭を使う野球を南海に導入したのだった。

私はブレイザーによって、野球の本質とは一球一球の間に考える時間が存在しており、そこに攻守の駆け引きがあるということを教えられた。私がいま標榜している考える野球、頭を使った野球を探求していくきっかけがブレイザーであったと言っても過言ではないのだ。

１９７０年、私が南海のプレーイングマネジャーへの就任要請を受けたときに、オーナーに対して唯一出した条件が、「ブレイザーをヘッドコーチとして起用すること」というものだった。

その後、77年までブレイザーとは南海で同じユニフォームを着た。いま振り返っても、ブレイザーと出会っていなければ、私は頭を使った野球、考える野球をここまで追求していなかったかもしれない。

五十数年前、彼と出会い、「彼はなぜメジャーで成功したのだろう?」と疑問をもったときから、私の野球人生が大きく発展していったのだ。疑問をもつことが、人生を大きく変えるきっかけになるといういい例だと私は思っている。

知りたいという強烈な欲求をもつものは伸びる

球界でも一流選手にまでなる人間は、常に「なぜなのか」といった疑問や問題意識をもって生きているものがほとんどだ。その問題意識の強さは、ときどき相手を質問攻めにするような振る舞いになって表れることがある。知りたいという欲求が強く、どうしても抑えられないという場合が往々にしてあるのだ。

前述した山内一弘さんは、私が一軍に上がったころからパ・リーグを代表する右バッターだった。

首位打者1回、本塁打王2回、打点王4回のタイトルを獲得したほどの球史に残る強打者だが、山内さんにも強烈な知識欲を感じたことがあった。

あれは私がプロ入り4年目、初めてオールスターゲームに出場したときのことだ。

私はパ・リーグのマスクを被っていて、セ・リーグには晩年の川上哲治さんも出場していた。山内さんはレフトを守っていたはずだ。

川上さんが打席に立ったセ・リーグの攻撃が終わると、必ずベンチで山内さんが私に近づいてきて、マスク越しに私が見た川上さんの打席について、こと細かに聞いてくるのだ。

「1球目のコースはどのへんや」、「2球目の球種はなんや」と、そのしつこさに圧倒されたのを記憶している。

山内さんにしたら、大打者・川上哲治さんの技術を知りたい、盗みたいという気持ちが抑えられず、私が辟易するほど質問をぶつけてきたのだろう。名選手といわれる人は、こういった貪欲な知識欲をもっている。

もう一人、思い出されるのは広岡達朗さんだ。巨人の遊撃手を務め、その堅実、華麗な守備は阪神の遊撃手だった吉田義男さんと並び称されるほどの名手だった。引退後はヤクルト、西武の監督を務めてリーグ優勝、日本一に導き、名将としての評価も高い。

この広岡さんが、守備の手本としたのが、ブレイザーだったという。１９５８年に日米野球で来日したときから、ブレイザーの一挙手一投足に注目していたという。広岡さんは引退後にメジャーの野球を学ぶために渡米するが、それもこのときブレイザーのプレーを見た衝撃がそうさせたようだ。

前述もしたが、私が南海でプレーイングマネジャーとなったとき、ブレイザーはヘッドコーチに就任している。すると当時は、広岡さんに会うたび、「ブレイザーは何を教えているんだ」、「どんなことを選手に話しているんだ」と必ず私に聞いてきたものだ。会えば、必ず質問攻めになるものだから、こちらも答えに苦労した記憶がある。

それだけブレイザーは、広岡さんにとっても一目置く存在であり、彼の考えていること、知っているノウハウをどうしても知りたいと思わせたのだろう。

この二人は私の先輩でもあるので、私に対して遠慮せず聞きやすいという側面もあっただろう。ただ普通の場合は、こんなにしつこく聞くのは恥ずかしいとか、相手に嫌がられないだろうかなどと考えてしまうはずだ。

しかし、そういった遠慮などをせず、知りたいという欲求が抑えられないというところに、その人間を一流選手たらしめる問題意識の強さが表れていると私は考えている。

できる奴の質問を貴重なヒントにする

往年の巨人のV9を可能にしたのは、王、長嶋の存在が大きいとよくいわれるが、私はキャッチャーの森祇晶がいてこそ、それが可能だったと考えている。

いまでも思い出されるのは、日本シリーズ開幕前の時期に何度かあった森との交流だ。巨人がリーグ優勝して日本シリーズに進出するときは、必ず森は私の自宅にやって来て、対戦相手のパ・リーグのチームの情報を収集していったものだ。

もちろん巨人にもスコアラーがいて、日本シリーズで対戦するチームのデータを取っているのだが、それでは物足りないということで、パ・リーグに在籍している私のもとに聞きに来ていたのだ。

後にも先にも、他チームの選手から私が分析したデータを教えてくれと言われたことなど、森ただ一人だけだ。

野球という競技で勝つことを目指すとき、点を取らなければ勝てないと考えるか、0点に抑えれば絶対負けないと考えるかの二つの方向性がある。普通、人間はラクなほうを求める本能があるから、点を取らないと勝てないという方向性に考えがちだ。そして攻撃を優先して、強力打線を整備して勝とうと考える。

しかし現実は、失点を相手よりも抑え、もし、0点に抑えることができれば負けることはけっしてないのが野球である。

ただ、失点を抑える、0点に抑えるということは非常に難しく、運動能力だけでなく、緻密な戦略、知力も総動員してあたらなければ達成できない苦しい作業だ。そのため、守備に重点を置くことを人は嫌がる。

V9を達成した巨人で、ONばかりに焦点が当てられるが、それはまさに攻撃面である。実は守備の面で大きな貢献をしている森を忘れてはならない。森の頭脳が、V9達成に大きな役割をはたしていたのだ。その意味で、まさに森は名捕手といえる。

私も捕手として森の実力を認めていたので、根掘り葉掘り他チームのデータを聞かれても、知っていることは教えてやったし、私なりのアドバイスや解釈も伝えた。日本シリーズで活用できるいい資料になったと思うが、私は森に教えたことを惜しいとも思わなかった。

情報を聞きに来たのが森で、教えているのは私だが、実は森が私にぶつける質問が私にとってとてもいい勉強になっていたからだ。

優秀な人間の質問を受けるというだけで、聞かれたほうもたいへん勉強になるのだ。自分の知らない視点、高いレベルの問題意識が、そこから読み取れるからだ。「なるほど、そこを知りたいのか」、「そういう見方をするのか」、「そこを重要視しているのか」……など、そういった気づきが自分にとってもヒントになるのだ。

これは野球にかぎらず、どんなことでも同じかもしれない。自分のやっている仕事や趣味など、高いレベルの人間から質問をされたときはいいチャンスだ。その質問から、高度なレベルの問題意識や視点を読み取り、成長のヒントにすることができるはずだ。

「深い質問」と「浅い質問」の違い

疑問をもつものが成長するとここまで述べてきたが、だからといって、ただ単に人に質問をすればいいというものでもない。その質問の「深さ」が問題だ。「深さ」とは何か。

それは、「問題意識の高まり」と言い換えてもいいだろう。だめな奴の質問は、問題意識が高まっていないため、浅いのだ。いくら疑問をもって、まわりに聞いても、一向に成長しない。

「あれを教えてください」、「このときどうすればいいですか」、「これを知りたいのですが」と、何もかも手っ取り早く聞けばいいというものではないのだ。

私は監督だったとき、選手やコーチに教えを乞われたとき、その相手のなかに問

題意識が高まっていないと感じたときは、

「聞く前に、まずやってみなさい」

と諭したものだ。

何かのカベや課題にぶつかったとき、人はどうすればいいか悩む。そのときにすぐに、どうすれば克服できるのかをまわりに聞いていては、その人間の本当の成長は促せない。

まず、その課題に対して、どう克服するか自分で対策を考えてみる。そしてその対策を実践にうつしてみるのだ。そこで試行錯誤を繰り返し、いろいろな気づきを得たのちに、それでもわからないことを初めて人に聞くべきなのだ。

自分で実践して試行錯誤をする過程によって、その人間の問題意識や向上心が高まっていく。本当に知りたい、なんとか向上したいという感情が高まったときでないと、いくら有意義なアドバイスをしても、その人間の身にならないものだ。

自分でやってみたことがないと、もらったアドバイスにピンとこないこともある。切実な思いもないので、アドバイスを正面から受け止めて吸収しようという姿勢に欠ける場合だってある。

私はコーチたちにも、「教えすぎてはいけない、教えないコーチが名コーチだ」とよく言っていた。指導者は、選手たちの問題意識の高まりを、我慢強く待つことが大事なのだ。


一方、アドバイスを仰いでおきながら、それをなかなか実践にうつそうとしないタイプもよくいるものだ。「自分のスタイルではない」、「理論が納得できない」、「もっといいやり方があるはずだ」……と理屈をつけては、実践しないタイプは、いつまでたっても人の意見を取り入れない場合がある。

それぞれの意見を取捨選択するのは大切だが、そこから何も行動を起こさないのであれば、なんの意味もない。

現状維持でいいのであれば話は別だが、ステップアップしたいと考えるならば、何か行動を起こさなければ現実は変わらない。

アドバイスを素直に聞き、積極的に、挑戦してみようという姿勢がないと、有意義な情報を得ても無意味だ。

私はプロ入り2年目当時、肩をなんとか強くできないかと悩んでいたとは前述した。自分なりの筋力トレーニングなどは毎日積んでいたが、なかなか肩は強くならない。

そこで、悩みに悩んだ私は、「どうすれば肩が強くなるのでしょう」と先輩たちに聞いて回った。たいていの人は、「足が速い、遠くに飛ばす、肩が強いは、天性だ。努力しても強くならない」と言っていたが、二人の先輩が、「遠投をすれば強くなるんじゃないか」と教えてくれた。

正直に言って、遠投で肩が本当に強くなるのか私には確信がもてなかったが、このまま手をこまねいていてもクビ宣告を受けることは明白なので、だめでもともと、肩を壊してもいい覚悟で遠投の練習をはじめた。

結果的に、これが功を奏したのだろう。練習のあと、夕暮れのグラウンドで同期の選手につき合ってもらい、毎日遠投を続けていると、2ヵ月ほどたったころから、次第に遠投の距離が伸びていったのだ。

これ以外にも筋力トレーニングや、送球動作の研究も重ねて送球力を磨き、私は一度は外されたキャッチャーのポジションに、なんとか復帰することができた。

ただ、質問をするものが伸びるというわけではない。自分なりの問題意識を深めてから質問はするものだ。そして、質問したことで得た情報を取捨選択し、これはというものをすぐに試す実行力も、自分を高めていくには当然、必要なことだ。

問い続ければ必ず答えは見えてくる

一生懸命に努力をしてもカベを克服できず、まわりにアドバイスを求めてもまったく解決策が見えてこないということがある。人はそんなとき、絶望するものだ。

しかし私は、「どうすればいいのか」を問い続けていれば、必ず答えにたどり着けるものだと考えている。本当に悩み、苦しんだとき、その苦しみのなかにこそ答えはある。だから、この本を読んでいる方にも、問い続けることをやめないでほしい。

私はプロ入り5年目、変化球を打てないというカベにぶつかっていた。前年はツキもあって、ホームラン王のタイトルを獲得することができたが、翌年になると、対戦相手たちは、変化球を苦手とする私の弱点に気づき、徹底的にそこを突いてきた。

三振を量産する私がバッターボックスに立つと、客席から「カーブの打てない、ノ・ム・ラ！　カーブのおばけが来るぞ！」と野次られる始末だった。

なんとか変化球を攻略しようと、周囲のコーチに聞いても、「ボールをよく見て、スコーンと打ちゃいいんだ」といった程度のアドバイスしかもらえなかった。

なんとかスイングスピードとパワーを上げようと基礎トレーニングを繰り返し、名打者たちのフォームを観察、模倣しながら技術革新を図ろうと努力した。

しかし、どんなに取り組んでも、どうしても変化球に対応できなかった。

「この世界はやはり、素質がすべてなのか」

「自分はなんと運動神経、反射神経が鈍いのだろう」

と絶望したこともあった。

しかし懸命に限界まで努力し、苦しんだなかに答えは見えてくる。

ピッチャーからバッターまでの18・44メートルの間で、ストレートを待ちながら変化球に対応するということは、私には能力の限界だった。

結局、すべてのバッターにとって「変化球への対応」が共通テーマであることに私は気づいた。バッターとは、４つのタイプに分類することができる。

Ａ型は直球に合わせながら、変化球に対応しようとするタイプ。Ｂ型はインコース、アウトコースなど、打つコースを決めるタイプ。Ｃ型はレフト方向、ライト方向など、打つ方向を決めるタイプ。Ｄ型は球種にヤマを張るタイプだ。

日本にはＡ型の選手が多いが、このタイプで好成績を残せるのは、イチローや松井秀喜などの一握りの天才だけだ。彼らでも、Ｂ型との併用だ。

結局、私のような不器用なものは、Ｄ型で生き残るしかないという結論に達した。ちょうどそのころ、大リーグで最後の４割打者となったテッド・ウィリアムズが書いた『打撃論』という本を目にした。

そこにはピッチャーの投球動作から、かすかなクセを見抜き、投げてくる球種を事前に読むという方法が記されていた。私は「これだ！」と思った。

相手のクセを見抜き、また、投球の傾向を分析して、事前に球種を察知してヤマを張ることで私は変化球打ちに対応しようと考えた。

「ヤマを張る」と言うと、学校の試験などでもイメージが悪いが、技術練習を散々繰り返し、身体能力の限界を身に染みて感じていた私にとっては、もうこれしか方法はないと考えた。

当時はビデオがなかったので、16ミリフィルムで相手投手の投球を録画したものを、擦り切れるほど見て研究を重ねた。すると、かすかではあるが、ピッチャーそれぞれのクセがわかってくるのだ。

ボールの白い部分の見え方や、グラブのかすかな膨らみ、視線の方向といった本当に小さな変化である。それらに加え、配球の傾向なども分析してわかってくると、かなりの確率で投げる前に、相手の球種がわかるようになってきた。

結局私は、この「読み」で打ち勝つことで、戦後初の三冠王を獲得することもできた。

その証拠に、私はセ・リーグの選手といっしょにやるオールスターゲームや日本シリーズではほとんど打っていない。ペナントレースで対戦しないため、セ・リーグのピッチャーの研究をしていないからだ。相手ピッチャーの傾向がわかってきたころには、もうシリーズの対戦が終わっている。

メディアには、「大試合に弱い野村」と書かれたが、実はそれが私の実力なのだ。当時はその事実を、当然、明かすこともできなかったが。

しかし、「読み」を磨くことで、私はその後、8年連続の本塁打王を獲得、通算で王貞治に次ぐ歴代2位、657本の本塁打記録を残すことができた。

もし私が、変化球を打てずにカベにぶつかっているとき、「自分の素質ではここまでだ」とあきらめていたら、その後の活躍はなかっただろう。技術力の限界を感じながらも、それでもどうしたら打てるかを自分に問い続け、苦しみ続けたから、そこに自分なりの答えがあったのだと考えている。

私は監督になってから選手たちに、「技術的限界にぶつかってからが、本当のプロの戦いだ」とよく指導していた。

誰にも技術的な限界、身体能力の限界はあるのだ。そういった持って生まれたものの限界を感じても、絶望などする必要はない。

その現実を受け止めながらも、それでもなお、自分を伸ばす方法はないのか、頭を使うのだ。固定観念など捨てて、まったく違うアプローチ、まったく違う自分に生まれ変わることで、新たな可能性が見えてくることだってある。

私が指導した選手たちのなかには、他のチームでプロ選手としてのカベにぶつかっていたが、私のチームに来てから復活、再生して活躍するものたちも多くいた。

これまで速球派でならしたピッチャーが、自分の速球派としての限界を身に染みてわかり、技巧派として生まれ変わって活躍することもよくあった。これなど、己の限界にぶつかってからの「本当の戦い」に勝利したいい例だ。

もうだめだと自分を限定したときに、その人間の成長は終わる。自分の限界にぶつかっても、「それでも、どうしたら自分を伸ばしていけるのか」と問い続けてほしい。もうここまでだ、と自分自身で限定しないかぎり、人は成長できるものだからだ。技術的限界はあっても、自分の可能性を探求することにおいて限界はない。無限だ。

第２章

「問いかけ」で潜在能力が開花する

人材育成に必要なのは「指導」ではなく「問いかけ」だ

長年、プロ野球の監督として選手やコーチたちを育成してきたが、個々の能力を伸ばそうというときに、リーダーにとってもっとも必要なのは、「指導」ではなく「問いかけ」だ。

指導者の立場になると、人は育成という名のもとに部下たちに「こうしなさい」、「こうすべきだ」と口を出したがるものだ。プロ野球のコーチにも、指導することが仕事だと勘違いしているものもいて、常にあれこれと技術指導をしたりするものがいる。

コーチの立場となれば、まわりから有能なコーチと見られたいという欲求を誰もがもつものだ。自分がこれまで培った技術論などを披歴したいという欲求もある。

それが過剰な口出しや指導となって表れる。こんなに親身になって高度な指導をしている自分を、まわりにアピールしたいという気持ちが働くのだ。

しかし、こうしたコーチは確かに熱心ではあるが、選手をだめにするコーチだ。私から言わせれば、「名コーチ」などではなく、「名コーチと呼ばれたいコーチ」でしかない。

まず、選手が求めてもいないのに、手とり足とり教えることは、その選手の自主性や考える力を奪ってしまうことになりかねない。誰かからの指示を待っているような人間ではなく、自分で問題意識をもち、自ら考え行動するものが伸びていく人材だ。指導者はまず、個々の人材の考える力を伸ばさなければならないのだ。

また、選手のほうに問題意識が生まれていないのにいくら指導をしても、相手はこちらのアドバイスを理解し、吸収することがなかなかできない。

指導者が選手を見ていて、「このままでは失敗をする」、「うまくいかない」とわかったとしても、それが致命的なものでないかぎり、口を挟まずに、そのまま選手のやりたいようにやらせて失敗をさせるのだ。

そして、その選手が失敗から何かを学び、課題を立てて自分なりに努力をする。その試行錯誤の過程で、アドバイスを求められたら、ようやく指導者が口を挟むというくらいがいい。

アドバイスを求められたとしても、「こうしなさい」と頭ごなしに自分の意見を押しつけてはいけない。

こうするべきだ、ということは、人に言われるのではなく、悩んでいる選手が自分で気づくようにもっていくことがコーチ、指導者の本当の仕事だ。いつも答えを誰かに教えてもらっていては、自分で考えるクセは身につかない。

また、教えられた答えより、自分でたどり着いた答えのほうが、何倍も納得して自分のものにできる。

では、どうやって悩んでいる相手に、自分自身で答えをつかみ取ってもらうか。それが、指導者からの「問いかけ」だ。質問することで相手の思考を促し、自分で答えにたどり着けるようにもっていくのだ。

私もこれまで、ミーティングや練習の際、ベンチでのぼやきなどを通じて、常に選手たちに問いかけてきた。

「なぜ、あの場面であの勝負球にしたのか」

「なぜ、あそこで打っていったのか」

「どうして、そういうフォームをしているのか」

など、数えきれないほどの問いかけをしてきた。

そのような問いかけをきっかけに、選手が考え、問題点やヒントに気がついてくれればいいと考えた。そこから何かのヒントを得て、課題を克服するために努力する選手もいるだろう。そうした選手が懸命に努力してもカベを乗り越えられず悩んでいるときこそ、指導者の出番だ。

悩んでいる選手の話を、親身になって聞いてやるべきだ。ただ、そのときであっても、選手より先に、指導者が答えを言ってしまってはいけない。答えを先に言ってしまったら、選手はもう考えなくなってしまう。考えさせることが、指導の目的である。

それでもどうしても答えを求められたときは、

「私の場合は、こうやってその問題を乗り越えた」

「○○はこうやって対処していた」

と例を示すだけに私はとどめていた。

仮に自分の意見を述べるときも、「私はこう思うが、君はどう思うか」といった言い方を心がけたものだ。

私にとってはそのやり方が正解だったが、別の人間にとってはうまくいかないこともあるし、まったく別のアプローチで成功することだってあり得る。正解は無数にあるからこそ、選手には必ず自分で答えを出させることが重要だ。私も、よほどの間違いではないかぎり、選手が出した答えを修正したりしなかった。

結局、指導者の仕事とは、選手が自分の力で正解を見つけられるように導くことなのだ。教え込もうとしても、それは選手のためにはならない。選手自身が自分で学び、選び取ったものしか、本当の意味でその人の身につかないからだ。

そのときに指導者の武器となるのが、「問いかけ」である。

教えるのではなく、導くことが、その人間を本当に成長させる方法だと私は考えている。

この章では、どのような人に、どのようなとき、どのような問いかけをすることがその人間を伸ばすのか述べていこう。

「根拠」を常に問うことで人は成長する

「その根拠はなんだ？」

この問いかけを、私は多くの選手たちにしてきた。とくに私が育てた古田敦也、矢野燿大、嶋基宏といったキャッチャーたちには厳しく問うてきた。

守備を終えてベンチに帰ってくる彼らに、

「なぜ、あの勝負球を要求したんだ」

「どうして、もう1球外さなかったんだ」

「あのコースに投げさせた理由はなんだ」

……など、1球の根拠をしつこいくらいに問いただした。

キャッチャーの仕事は、ピッチャーの投げる1球、1球を指示して、試合を実際につくっていくというものだ。まるで、ドラマの脚本家のようなものだ。その筋書きを書く人間が、根拠もなく、なんとなく真っ直ぐを投げさせました、カンであのコースにしましたといった姿勢で野球に取り組んでいるのだとしたら、無責任以外の何物でもない。

新人キャッチャーたちは最初のころは、私の問いかけに口ごもり、明確な理由を答えられないことも多い。

「根拠もなくサインを出すなんて、無責任なことはするな！」と、私に叱り飛ばされることもよくある。

しかし常に近くにいる私に「根拠」を問い詰められているうちに、彼らも漫然とプレーをすることがなくなり、考えて取り組むようになってくる。

常に根拠を意識して行動する人間は、漫然と行動する人間よりも確実に成長していく。これは野球にかぎらず、どのような分野のことでも同じだろう。

打席でのバッターの反応や、データをもとに、次の１球はこれしかないと根拠をもって勝負した場合は、その球が打たれたときに、なぜ失敗したのか、そのあとに必ず考えるものだ。

しかし、根拠もなくサインを出して打たれた場合は、せいぜい「やられた！」と感じるだけで深い洞察が伴わないものだ。これではまた、同じ失敗をする可能性が極めて高い。

根拠をもってサインを出して、それがうまくいったときは、その成功体験が一つのデータとなり、今後の大切な資料となる。一方、なんの根拠もなく、たまたまうまくいってしまったというときは、そこになんらかのノウハウを得ることは難しいだろう。

このように、日々、根拠をもって行動している人間は、そうでない人間よりも格段に成長するものなのだ。だからこそ、私は選手たちに常に、「根拠は何か」を問い続け、考えて行動するクセをつけようと努めていた。

とくに、漫然と取り組んでいるように見えるタイプの人間には、このような問いかけをする意味が大いにあると考えている。

また、選手がミスをしたという場面でも、「根拠」を問うことは非常に重要だ。

指導者は部下がミスをすると、つい結果論で叱ってしまう傾向があるが、それは厳に慎まなければならない。結果論ではなく、プロセスで指導者は叱るべきだと考える。

たとえば、変化球を待っていたバッターが、直球を見逃し三振したとする。そんなときに、三振をしたという結果だけで叱責しては、その後、この選手が三振だけはしないようにしようと、打席で萎縮することにもなりかねない。

まずは、なぜ、あそこで変化球を待っていたのか、その根拠を聞くべきだ。そして、選手が、相手の配球データやセオリーから見て、ここは変化球しかないと判断したと言うのであれば、よほどの見当違いでないかぎり、私は叱責しなかった。

確立の高いほうに賭け、結果はたまたま出なかったということだ。「こういう考え方もあるぞ」と、私なりの視点を提供して、選手の思考が深まる手助けをしたこともあった。

ミスにも2種類あることを、指導者は知らなければならない。

状況に対してしっかり準備をして臨んだが、たまたま結果が出なかったというミスと、やっておくべき準備を怠ったために起きたミスの二つだ。

前者であれば、こちらが叱責しなくとも、なぜ対策が功を奏さなかったのか、その原因を考え、次への対策も自分で練るはずだ。

問題は後者の場合だ。漫然とプレーしたゆえの失敗は、準備をしていたら十分避けられたミスである。厳しく叱責して、考えてプレーすることの必要性を感じてもらう必要があるだろう。

このような二つのミスの性質を区別するためにも、「根拠は何か」と問うことが大事だと私は考えている。

潜在能力を発揮させる問いかけ

一生懸命努力しているのだが、なかなか結果を残せない、いまひとつカラを破ることができないという選手がいるものだ。

私はそういった選手たちには、「〇〇を変えてみないか?」と問いかけていた。

「フォームを変えてみないか?」

「バットを変えてみないか?」

「プレースタイルを変えてみないか?」

「練習のやり方を変えてみないか?」

……など、変化の必要性、重要さに気づかせ、自己変革を促すために繰り返し問いかけた。

毎年、ワンランク上の成績を残そうと目標を掲げても、シーズンが終わってみると、結局、例年と同じ結果に終わるという選手がいる。来年こそは、と考えてみても、同じことをやっているのであれば、また同じ結果に終わる可能性が非常に高い。同じ結果ならまだいいが、こういったタイプの選手は次第に成績も下降していき、あっという間に球界から消えていくことがほとんどだ。ワンランク成績を向上させたいと考えるのなら、何かを変えないかぎり実現しない。

フォームを変える、バットなどの用具を変える、速球派から技巧派、長距離打者から短距離打者などへプレースタイルを変える。こういった「変化」からしか、これまで眠っている潜在能力を発現させる方法はない。

しかし、この「変化する」ということが、人間にはとても難しいことだ。だから、大多数の人々が自己変革できず、結果を残せないまま終わっていくという現実がある。

まず、人はこれまで取り組んできたことに慣れてしまう。するとそこにある問題点にも気づかなくなる。固定観念ができあがって、いままでの考え方、やり方を壊ことが難しくなってくる。

また、変化すること自体に、大きな恐怖を感じているという面もある。たとえば、ここ数年2割7分、8分を打っているバッターが、3割を目指しているとする。当然、同じことを繰り返していれば、毎年、次第に打率は下がってくるだろう。

だから、何かを変えなければならない。しかしそこで、「何かを変えて、2割5分しか打てなくなってしまったらどうしよう」という恐怖にとらわれる人がほとんどなのだ。

このように現状でそこそこできている場合はとくに、変えてみて、逆に悪くなったらどうしようと考えがちだ。

しかしこういったネガティブな思いにとらわれるようになると、次第に、「自分の能力では、このあたりが限界だ」といった自己限定の気持ちに傾いてくる。そうなるともう、その選手の成長は止まってしまう。

私も長年球界を見てきて、「ここを変えれば一流になれるのに」、「こうすればよくなるのに」と思っていた選手たちが、変化することができずに消えていくのを何度も見てきた。

変えてだめになることより、変われないから消えていったという選手のほうが圧倒的に多いのだ。だからこそ、私は変化の重要性を選手たちに説いてきた。

変化とは進歩そのものなのだ。「変えてみないか?」という私の問いかけは、そのことを選手たちに気づかせ、自己変革を促すためのものだ。問いかけとともに私は、「変化とは何かを失うことではなく、何かを得ることだ」とも諭した。

変化を恐れず、そこに楽しみを見いだし、挑戦し続けられるものが、潜在能力を開花させて成長していける人間だ。成長を阻むのは、変化を受け入れようとしない自分自身なのだ。

目の前の現実を変えるには、自分自身が変わるしかないのである。

やる気を失いかけたものへの問いかけ

プロ入りしたばかりの選手たちの多くは、「なんとか一軍に這い上がってやる」、「一流選手となって活躍してやる」とやる気に満ちている。

練習にも熱心に取り組み、基礎トレーニングや素振りなどの自主練習を毎日自分に課して頑張るものもいる。しかし、そんな新鮮な時期はあっという間に過ぎ、プロのカベに幾度となくぶつかるたびに、次第に多くの選手たちが、当初はあったやる気を失っていく。

いくら努力をしても、なかなか結果が出ない。「自分の才能ではここまでだ」とあきらめの境地に次第に傾いていき、これまでの練習への取り組み方もおろそかになっていく。

私はそのような選手たちに、

「努力がすぐ報われると思っていないか？」

と、よく問いかけたものだ。

結局、この世界で成功するか、しないかの分かれ目は、最後まで愚直に努力し続けることができたかどうかにかかっていると私は考えている。

最後までやり続けたものは成功をつかむが、どこかで「自分はここまでだ」と自己限定をして、努力をやめたものは成功をつかめない。その証拠に、球界で一流選手と呼ばれるような選手はみな、必ずどこかで地道な努力を続けているものだ。


私はプロ1年目のころ、まわりの選手たちと比べて、明らかに自分の能力が劣っていることを肌で感じた。自分は高校野球の地方大会初戦敗退が常連の、無名校出身である。一方、まわりはアマチュアで華々しい経歴を残した選手たちばかりだから、そう感じるのも当然だ。

なんとか彼らのレベルに追いつきたくて、チームの練習以外に、毎日、自分に厳しい基礎トレーニングを課していた。

当時の南海の二軍宿舎には、小さな庭があり、そこが二軍選手たちの自己練習の場となっていた。ただ、とても狭い庭だったので、何人も同時に素振りをすることができない。そのため、先にやっている選手がいると、その練習が終わるのを待って、私も毎晩、素振りをしていた。

しかし、この庭が込み合うのは、キャンプ早々の2月だけであった。3月になると素振りをする人は減りはじめ、とうとう4月には、この庭で素振りをしているのは私一人になっていた。

素振りをやめてしまった先輩たちは、夜になると毎晩、飲みに行く。一人きりになっても、一年中、黙々と素振りをしている私に先輩たちは、

「野村、飲みに行くぞ！　バット振って一流になれるなら、みんな一流になってるよ。無駄、無駄。この世界は素質だよ、素質！」

と言いながら夜の街に出かけて行ったものだ。もちろん、そう言っていた先輩たちはすぐに球界から消えていった。

素振り一つをとっても、これほど、努力を続けることは難しいのだ。ほとんどの人は、数ヵ月すらもたない。

なぜ、これほど努力が続かないのか。

それは、どこかで努力の効果がすぐ表れると期待しているからである。努力には即効性はないのだ。ほんの数日後、数週間後に確実に効果が表れるような努力はほとんどない。それなのに、素振りを3日やったら4日目には、2週間やったら3週間目には、試合で結果が表れるのではないかと心のどこかで思っているものが多い。

だから、何も結果が出ないと必要以上に落胆してしまう。そしてそれが続くと、次第に自分には無理かもしれないとあきらめの境地になっていき、継続してきた努力を投げ出してしまうのだ。

努力に即効性などはなく、とくに大きな成果は、数ヵ月後、数年後になって表れるというのが現実だ。

結果が出るのはまだまだ先だと自分に言い聞かせていれば、いちいち落胆することもなく、努力を継続していけるはずなのだ。

このことをわかってほしくて、私は選手たちに「努力がすぐ報われると思っていないか？」と問いかけていた。そして、このときもう一つ、つけ加えたのが、「努力は裏切らない」という言葉だ。

あきらめず継続し、やり続けた努力は必ずいつか、結果として表れる。私自身、先ほど述べた宿舎での素振りなどの個人練習が結果となって表れたのは、１年以上先のことだった。

プロ２年目の秋、秋季練習の打撃練習で、飛距離が一気に伸びていたのだ。10球中、７、８球がオーバーフェンスするほどになっていた。このときほど、自分の成長を感じたことはなかった。

努力したのに結果が出なかった、とあきらめる人間がいるが、その人たちには、「本当に努力をし続けたのか」と問うてみたい。

現実は、ほとんどの人間が、結果が出るまで努力を続けることができなかったということだと私は考えている。

目標を問えば人は伸びていく

指導者が部下の能力を伸ばしたいと考えるのなら、まず、その人間に「目標」を問うことが大切だ。明確な目標をもたないかぎり、自分の能力を最大限に伸ばしていくことはできない。

毎年、プロ野球界には、高校野球や大学野球、実業団などで輝かしい実績を残した選手たちが入ってくるが、当然、そのすべてがプロでモノになるわけではない。「○年に一人の逸材」と言われながらも、何も活躍できずに消えていく選手もいれば、下馬評通りに一軍の選手となっていくものもいる。

はたして、この両者の違いは、どこにあったのだろうか。

その答えを探るためには、その選手が晴れてプロ入りした瞬間にまで時計の針を戻して見ていく必要がある。

プロ入りした新人には、主に二つのタイプがいる。一つは、アマチュア時代からなんとかプロ野球選手になりたいという夢をもってきたため、プロ入りした瞬間にその夢がかなったと達成感に浸っている選手。

もう一つは、プロ入りの夢はかなったが、それは通過点であって、この世界で活躍することを目標としている選手だ。

当然、前者は目標を見失った状態で、野球へ取り組むさらなる意欲も下がっていってしまう。結果、いくらアマチュア時代に実績を残し、高評価を得ていたとしても、プロで活躍できずに終わってしまう場合が多い。

一方、プロ入りを通過点と考えている選手は、まだ、自分を伸ばしていける可能性が残されている。プロで活躍したいという強い気持ちがあるかぎり、新たな目標をもつことができるからだ。

結局、この両者の運命を分けたのは、明確な目標をもっていたかどうか、という部分であるといえる。それほど、「目標」は人の成長に欠かせないものなのだ。

私もよく新人たちには、
「プロ入りは到達点ではない。出発点だ」
と指導して、プロに入ったことで夢がかなったような錯覚をもたないように戒めていた。

人間は弱い生き物だ。つい、ラクをしたいという本能がある。目標が意識できないと、日々の努力はけっして続かないし、課題や取り組み方も見えてこない。目標が明確で具体的になると、そのために何をするべきかを導くことができる。目標を達成するためには、この部分を改善しなければならない、この課題を克服しなければならないということが見えてくるのだ。

そしてそのためには、具体的にこういった練習をしよう、フォームをこう改善しよう、ここの強化を図ろうと、実際に取り組むことが見えてくる。これらのプロセスのスタートが、明確な目標設定だ。

さらに、常に目標が明確になっていれば、日々の練習においても、なんのためにこの練習をしているのかをいつも意識できるようになってくる。ただ、漫然と練習に取り組むより、その効果は何倍も大きいものになるだろう。

だからこそ私は若い選手たちに、「君の目標は何か？」と問うてきた。

「君は将来、どんなピッチャーになりたいんだ？」

「何勝したいんだ？」

「どんなバッターになって、何割打ちたいんだ？」

「いくら稼ぎたいんだ？」

と、なるべく具体的に目標を問うことが大切だ。そのように聞かれることで、選手のなかでも、目指すべき目標が明確になってくる。目標を、実際の行動へとつなげるためには、漠然とした目標では役に立たない。

「打率を上げる」、「ワンランク上の選手を目指す」などといった漠然とした目標ではなく、「３割を打つ」、「一軍に定着する」といった具体的な目標を掲げることが大事だ。

　さらに続けて私は、

「では、そのために、どうするか？」

と必ず問いかけた。

目標をただ定めても意味がない。そのために何をするか、そこまで導いてこそ、目標を掲げた意味がはじめてある。

指導者は目標を設定させるだけではなく、さらに、そのために何をしていくのかといったところまで個人が考えられるように導くべきだ。

また、そもそも目標とは、誰かがあてがうよりも、自分で設定することに大きな意味があるものだ。「こうなりなさい」、「これを目指しなさい」と指導されるより、「こうなりたい」と自ら定めた目標のほうが、人は懸命に努力することができるはずだからだ。そのためにも、自ら目標設定をさせることが重要だ。

さらに、自分自身で目標を決めて公言すれば、そこには責任感も生まれる。自分で公言したことがウソにならないように、主体的に取り組むようになるものだ。

このような理由から、指導者が各人の目標を問う意味は大きいと私は考えている。

私自身のプロ入り時を思い返してみると、プロ入りしたことに安堵《あんど》感や達成感など微塵もなかった。極貧生活のなか、病身の母に女手一つで育てられた私は、とにかく金を稼ぐためにプロ入りしたのだ。金持ちになって母にラクをさせたいという思いが強く、テスト生としてなんとか夢のプロ入りをはたしても、目標を見失うということはけっしてなかった。

しかし、いまの時代は、当時の私のようなハングリー精神を求めても無理なことだろう。だからこそ、なんのために努力をするのか、なんのためにこの仕事をするのか、その目標の部分を、指導者が若者たちに問いかけることが、さらに必要になってきていると私は考える。

原理原則を問うて、問題意識を喚起する

伸び悩んでいる選手、カベにぶつかっている選手たちには、「そもそも」の視点が欠けていることが多い。

他チームでくすぶっている選手が私のチームに来て復活するというケースがいくつもあったので、「野村再生工場」などとメディアから呼ばれたこともあったが、その再生の第一歩は、「そもそも○○とは何か?」という問いかけからはじまっていた。

「そもそも野球とは何か?」
「そもそもバッティングとは何か?」
「そもそもピッチングとは何か?」

カラを破れずに停滞している選手は、こう問いかけたとき、満足に答えることができないものだ。

「わかりません」、「考えたことがありませんでした」と答える選手たちに、「ならば、いまからでも考えてみたらどうだ？」と私は指導をはじめていた。

楽天の監督時代、山﨑武司への指導もそのようにはじまった。山﨑は1996年には、巨人の松井秀喜を抑えてホームラン王のタイトルを獲得した強打者だ。90年代は中日で活躍したが、その後、低迷し、オリックスをへて楽天へと私が監督就任する前年に移籍してきた。

久米島キャンプの初日、山﨑のユニフォーム姿にまず驚かされた。ズボンの裾を長くして、だらしなく着ている。「ユニフォームは舞台衣装だぞ。そんな着方をして転んでケガをしたらどうするんだ」と、会って早々に注意したのを覚えている。

しかし、バッティング練習がはじまると、山﨑の独壇場だった。フリーバッティングで、他の誰よりも遠くに球を飛ばしている。この能力は、持って生まれたもの以外の何物でもない。

これだけの能力があるのに、近年はたいした成績も残せていないことが、本当にもったいないと考えた私は、山﨑を呼び出してあらためて話す機会をもった。

「君にとって、野球とは何か？」

「バッティングとは何か？」

そう問いかけても、山﨑は何も答えられなかった。驚いたことに、山﨑はこれまで20年以上の野球人生のなかで、そのようなことを一度も考えたことがないという。

野球が他の球技と大きく違う点は、ピッチャーが1球投げるごとに「間」があることだ。サッカーやラグビー、バスケットボールなど、他の球技のほとんどは瞬時に攻守が入れ替わり、競技中の「間」などほとんどない。

つまり、野球とは、1球、1球の間に「備える」スポーツだ、ということだ。その「間」に攻守のかけひきがあり、その「間」が勝負を決めているというのが野球の本質だ。

バッターにとっては、配球を読むということが、備えの大きな部分となってくる。それなのに山﨑はこれまで、配球などを考えることには興味がなく、ただ素質だけで野球をやっていたという。

「お前もキャッチャー出身じゃないか。相手の立場になって考えてみろ。お前にホームランを打たれたくないと相手は考えているのだから、インコースに来る確率は低い。ならば、インコースばかりマークしないで、相手の立場になって備えをしなさい。バッティングは備えによって、結果は8割決まるものだ」

とバッティングの本質とともに、配球を読む大切さを彼には説いた。

これまで頭を使ってこなかった山﨑にとって、私の考え方はとても新鮮だったようだ。これをきっかけに、打席でも配球を読むようになり、ホームランバッターとしての素質を再び開花させることができたようだ。

楽天で38歳にしてホームラン王と打点王の二冠を獲得、史上3人目となるセ・パ両リーグでのホームラン王獲得の快挙を成し遂げた。

「そもそも○○とは？」といった本質を問う質問が、低迷している選手のカラを破るきっかけになることがある。

野球であれ、どんな仕事であれ、これは同じことだろう。カベにぶつかっているときには、「そもそもこの仕事とは何か」といった本質に、カベを越えるヒントがあるものだ。

人は長年それに取り組んでいると、「そもそも」の視点が抜け落ち、それが抜け落ちていることにさえ気づかないものだ。だからこそ、あらためて指導者が問う理由がそこにある。

その取り組んでいるものの本質がわかれば、考えたことすらなかった着眼点、忘れかけていた目的に気づかされることもあり、それがさらに自分を伸ばすきっかけとなっていく。指導者が各人に問題意識をもたせるためには、とても役に立つ「問いかけ」だと私は考えている。

不器用であることを知った人間は強い

高いレベルの野球選手が集まるプロ野球界は、野球の「天才」たちの集団と思われがちだが、それは違う。多くの人間は、天才などではない。

天才タイプは何をやるにしても器用で、技術の習得も早い。試しにやらせてみると、何も考えずともすぐにできてしまう。他人が真似をしようとしても簡単にできない技術を、意識せずにやっているようなタイプだ。

しかし実際は、多くの選手たちは天才タイプのように技術習得が早くはなく、地道な努力をへて階段を一段ずつ上っていく不器用人間だ。

かく言う私も、典型的な不器用人間だ。ずば抜けた素質があるわけでもなく、地道な努力の積み重ねによって球界での実績を残したタイプだ。

何事も器用にこなす天才型のほうが成功するように思われがちだが、実際は不器用型の人間が最後には勝つのが人生であると私は考えている。

天才型は努力をせずとも簡単にできてしまうので、頭を使ったり、工夫したりすることが不得手で、継続的に地道に何かに取り組むことが苦手な場合が多い。

しかし、不器用型は、一つの技術を習得するにも時間がかかるが、覚えたらけっして忘れない。自分が不器用なことを知っているものは、頭を使い、地道な努力を惜しまない。

そういった点が、両者の差になって最後に表れる。球界でも、一見、天才型の選手が有利に思われがちだが、結果的には不器用型選手のほうが大きな成長を遂げているものだ。

だが、不器用型の人間が大きく成長していくためには、自分自身が不器用人間であることを、まず知らねばならない。

ほとんどの人が、自分のことを不器用人間だとは認識していない。それなりに小器用にできるとさえ考えている。

しかし、現実はそのようなことはない。多くの人間は、うさぎではなく、歩みののろい亀のほうなのだ。そのように自分に対する意識を変えないかぎり、いつまでたっても取り組み方が中途半端で、工夫を凝らしたり、地道な努力をすることに対して心底打ち込めないものだ。

私が監督のとき、もっと頭を使えば活躍できるのに、もっと貪欲に努力すれば一流になれるのに、と感じる選手が何人もいた。そういった選手には、自分が不器用型であることを知ってほしくて、

「君は器用なタイプか？」

とよく問いかけたものだ。

ヤクルトの監督をしていたときに、小早川毅彦という選手がいた。ＰＬ学園、法政大学をへて、１９８３年、ドラフト２位で広島に入団し、翌年、新人王を獲得。広島の４番を打ったこともある実力者だ。

しかし、若いころは素質だけでそこそこの成績を残せたが、年をへるに従って対戦相手に研究され、自身の衰えや若手選手の台頭も相まって、広島を解雇され、ヤ

クルトにやってきた。

小早川は右ピッチャーに非常に強い印象があったため、私は左の切り札として起用しようと期待していた。そこで、春季キャンプの練習中に彼をつかまえて、

「君は自分のことを器用だと思うか?」

と切り出した。小早川は困ったような顔をして黙っているので、私はさらに続けた。

「君は器用な選手の打ち方をしている。どんなボールもストレートのタイミングで待って、変化球にも対応しようとしている。天才だったらそれでも対応できるが、君はそうではないだろ。そう思わないか?」

小早川は、ここ数年間の広島での低迷期に思いをめぐらしたのかもしれない。私の問いに、同意するようにうなずいた。

そこで私は一つの提案をした。

「器用な天才は一握りだ。不器用だとわかったのなら、それに徹しなさい。いまよりもっと頭を使いなさい。地道に努力をしなさい。不器用な人間は苦労はするが、

それに徹すれば最後には器用な人間にも勝てる。これは間違いない。少しはデータを参考にして、配球を読んで、狙い球を絞るなり工夫をしたらどうだ？」

このときから、小早川の野球への取り組み方が変わったように思えた。実際、変貌を遂げた小早川は、チームに大いに貢献した。

この年の開幕戦は、巨人戦だった。相手ピッチャーは斎藤雅樹が想定された。斎藤は前年、16勝４敗、防御率２・36で最多勝、最優秀防御率、最高勝率、沢村賞のタイトルを獲得した当時、巨人の不動のエースだった。

そこで、開幕戦前に斎藤の配球パターンを分析すると、左バッターに対しては二つの特徴が見えてきた。一つは、インコースの高めを一度突いてから、外から入ってくるカーブでカウントを取りに来るということ。もう一つは、スリーボールワンストライクになったら、外からのカーブを必ず投げてくることだった。

「つまりインハイが来たら、次はカーブが来る前触れだ。とくにスリーボールワンストライクになったら絶対だ。外からのカーブをイメージして踏み込んでいけ」

そう私は、試合前に小早川にアドバイスした。

結果、小早川はこの試合で想像以上の活躍をした。なんと、斎藤から3打席連続ホームランを放ったのだ。

「監督、バッチリでした！」

斎藤のカーブを見事、東京ドームのライトスタンドに叩き込んでベンチに帰ってきた小早川のうれしそうな表情はいまでも忘れられない。その後、配球の読みに磨きをかけて、この年、小早川はヤクルトの日本一に大きく貢献し、最後の一花を咲かせたといってもいいのだろう。

小早川の復活は、自分が不器用人間であることを認めることからはじまった。自分の限界を直視することは、つらいことかもしれない。しかし、それで落胆することはない。不器用は、それを武器にすれば、器用な人間、天才型にも最後には必ず勝つことができることを知ってほしい。

己を知らず、自分は小器用にできると思っているうちは、どうしても取り組み方が中途半端になる。不器用に徹してこそ、頭を使い、その道に専心していけるのだ。それが、素質や才能に恵まれた人間に、凡人が勝つための唯一の方法だ。

「恥ずかしくないのか?」と問う意味

野球はミスの多い競技だ。優秀なバッターでも打って3割。10回のうち7回は打ち取られる。試合のなかでは、配球、守備、走塁など、さまざまな場面でミスは無数に起こる。

しかし、これらすべてのミスを結果論で叱責してはいけないとは前述した。根拠をもって臨んでのミスだとわかったら、ことさら厳しく指導するまでもないだろう。

一方、漫然とプレーした結果のミスや、初歩的な技術的ミスであれば、それに対して指導者は、しっかりと対処するべきだ。

そういったミスをしたときこそが、その人間が伸びていくか、いかないかの分かれ道だからだ。

いわゆる凡ミスをしたときの人間の反応は大きくわけて二つだ。一つは、「仕方ない。こんなときもある。次はがんばろう」といった、開き直りが前面に出るタイプ。

もう一つは、「こんな失敗をするなんて情けない」と、こみ上げてくる悔しさを抑えられないタイプだ。こういったタイプは、その悔しいという強烈な感情から、「なぜ」失敗をしたのか、そこを必ず考えるものだ。そして、その原因を導き出して、次はミスをしないように自分なりの対策を打ってくる。

だから指導者は、選手が失敗したときはすぐに叱責などせず、慎重に様子を見る必要がある。

ミスをした直後や、ベンチに引き上げてきたときの表情を、しっかりと観察するのだ。このとき、悔しくて仕方がないというような表情、言動が見て取れれば、まだ、その選手は成長の可能性がある。

問題なのは、ミスをしても仕方がないと開き直っているような選手だ。私はそういった選手には、

「プロとして恥ずかしくないか？」

と必ず問いかけたものだ。

こう聞くことで、プロでありながら低レベルのミスをした自分の情けなさに思い至ってほしいと考えていた。また、そのためには指導者が、日ごろから選手たちに「プロ意識」をもたせるように導いていくことも大切だ。

私は常々、プロとは「当たり前のことを、当たり前にやるもの」、「難しいことも、簡単なことのようにやるもの」と定義していた。できて当然のことは、きっちりやり、高いレベルのことであっても、普通のことのようにやってのけるというのがプロである。

そのようにプロとは何かを説きながら、選手たちにプロとしてのプライドをもつように促していた。

自分の仕事に対してのプライド、プロ意識を育むことは、プロ野球選手にかぎらず、どのような仕事の人にとっても、自分を成長させるためには欠かせないものだろう。

メーカー、サービス業、金融業など、その仕事をするものは、その業界のプロであり、受けもつ職種においても、営業や経理などのプロといえるだろう。

そのプライドがあれば、仕事で凡ミスをしても、悔しくて仕方がないはずだ。「こんなミスをするなんてプロとして恥ずかしい」という意識が、その人間をさらなる成長へ導くのだ。

もしそこで、「仕方ない」、「気分を切り替えてがんばろう」としか思えないのであれば、それはどこかに「この程度でいいだろう」という現状維持の意識があることを意味する。現状に満足した瞬間、その人間の成長は止まるのだ。

「恥の意識」とは、「プロ意識」の裏返しだ。恥の意識が喚起されなければ、ミスに際して人は成長していかない。だからこそ私は、選手たちに、「恥ずかしくないのか？」と問い続けたのだ。

「ぼやき」とは考えるきっかけをつくる問いかけだ

私が楽天で監督をしているときは、その日の試合内容や選手に対して、あるいは野球について私がぼやく内容がよく取り上げられたものだ。試合後に私の「ぼやき」を聞こうと、メディアが集まったりもした。

私のぼやきを多くの人たちは愚痴の一種と思っていたかもしれないが、実際はそうではない。確かにふがいないという感情が思わず口を突いて出た言葉もあったかもしれないが、私にとっては、この「ぼやき」も選手たちへのある種の問いかけだった。

練習中はもちろん、試合中であっても、確かに私はよくぼやいていた。ぼやきは一見、独り言のように見えるが、実は、それを聞いた誰かにとって考えるヒントにしてほしいという思いから発しているものだ。

ベンチ内でも、投げているピッチャーの配球についてよくぼやいていたものだ。

「次は変化球でくる」、「勝負球は真っ直ぐだな」などとつぶやくのだ。すると概ね8割がたは的中するので、聞いている選手も、「なぜわかるのだろう」と興味をもってくる。

たとえば、前打席にスライダーで打ち取られたバッターが打席に入ったときは、

「前の打席でスライダーでやられたから、バッターはスライダーを意識している。だからキャッチャーはそこを読んで、次は基本的に真っ直ぐだろうな」

などとつぶやいたりする。

逆に前打席にスライダーを打っていたら、バッターは次はスライダーはないだろうと考える。だからキャッチャーは次の打席も、スライダーから入ってくる。

つまり、スライダーを打たれたから、次は真っ直ぐと考えるのは「表」であって、キャッチャーというのは「裏」をかきたい性分なのだ。

フォークにタイミングが合わずに空振りしたあとには、バッターもフォークをマ

ークしているから、あえて真っ直ぐでズバッといくと、キャッチャーとしては気持ちがいいのだ。

そういったキャッチャー心理や配球の組み立てなどに興味をもってもらいたくて、ベンチ内ではよくぼやいたものだ。

もちろん、こういったことはミーティングでも話すことはあるが、それよりも、誰に話しかけるともなく発せられる「ぼやき」が耳に入り、自然と興味をもって学んでいったほうが身につきやすいものだ。だから、私はぼやき続けた。

配球のこと以外でも、いろいろな選手、プレーを引き合いに出しては、「なぜ、あんなフォームなんだ」、「どうしてあのサインなのか」、「あそこを変えればいいのに」とさまざまな内容を常にぼやいていた。

こういったぼやきの一つ一つが、聞いている誰かの考えるきっかけになればと考えていたのだ。

ただ、常にぼやき続けるということも、かなりたいへんなことだ。単にケチをつけるだけのぼやきならいくらでも言えるが、選手たちをより伸ばすためのヒントとなるぼやきとなると簡単ではない。

そのためには、指導者の力量も問われてくるのだ。常にぼやき続けるためには、いつも指導者が、高い理想を具体的にもっていなければならない。ぼやきとは、高い理想があるからこその裏返しでもあるのだ。

「人生とは何か？」の問いから自分の仕事を考える

私がヤクルト、楽天などで監督を務めていたときは、春季キャンプなどの機会をとらえて、練習のあと毎晩、全選手を集めて「監督ミーティング」を行っていた。

この時間、私は大量にホワイトボードに板書し、それを選手たちは必死にノートに写しながら話を聞いていた。ヤクルトで最初に監督ミーティングをはじめたころは、「野球道具は忘れても、筆記用具は忘れるな」が選手たちの合言葉になっていたという。

このミーティングは、私の学んだ野球学を選手たちに少しでも知ってほしいとはじめたものだが、実際には、野球の技術論、戦術論だけではなく、「人としていかに生きるか」、「仕事とは何か」といった人間教育、人生哲学の部分がかなりのウェイトを占めていた。

ミーティングに初めて参加する選手のなかには、人生観にまつわる話ばかりで、いつになったら野球の話になるのだろうと不思議に思う選手もいたという。

私がこのミーティングで最初に選手たちに問うのが、

「どんな人生を生きていきたいのか?」

ということだった。

この問いが、誰にとっても、どんな仕事をする人にとっても、まず考えておくべき最初の問いとなるだろう。

プロ野球の世界においても、高いレベルの争いとなれば、最後は素質や身体能力ではなく、人間性の勝負となってくる。どんなにいいものをもっていても、人間性の面で未熟なものは、一流のレベルにまでは上りつめることができない。これは、長年、球界を見てきた私の実感だ。まさに、「人間性の向上なくして、野球技術の向上もない」と断言できる。

だからこそ、私は人間教育にも力を入れており、その入り口としてまず、選手たちにそれぞれの「人生観」を問うていた。

プロ野球に入ってくるような人間は、野球エリートとしてこれまでちやほやされてきた人間がほとんどだ。野球さえやっていれば、あとはなんの教育的指導もされずに放任されてきたものもいる。

そのため社会的常識が欠如していたり、自分一人の実力でここまできたと思い上がっているものもいる。

そのような謙虚さのない人間、社会的な教育の足りない人間では、これから真摯に野球に取り組むことはできないだろう。人間とは、人と人の間で生きていくものだ。必ず誰かに支えられ、また、誰かを支えることでしか生きていけないものだ。そういった基本的なことから教えないと、社会のなかで、これから自分の能力を生かしていくこともできない。

とても基本的なことだが、野球以外やってきていない人間には、あらためて説く意味があることなのだ。

また、プロ野球選手にとっての野球とは仕事である。これからのプロ生活では、さまざまなカベにぶつかり、くじけそうになることもあるだろう。

そのようなとき、自分はどのように仕事に取り組んでいくのか、といった考えをもっていないと、そのカベを越えていくために厳しい努力を重ねていくことはできない。そして仕事観というものは結局、どのように自分は生きていくのかといった人生観から生まれるものだ。

だからまず、「どうやって生きていくのか？」を考え、自分なりに整理することはとても大事なことだと私は考えている。

人間にとっては、「幸福になること」と「成長すること」を求めて生きているというのが私の大前提だ。ではそれでは、「君にとっての幸福とは何だろう？」、「成長とは何だろうか？」。また、そのとき「仕事とはどういう存在だろうか？」。「君にとっての生きがいのある人生とはどのようなものか？」、「充実感をもって、悔いなく人生の最期を迎えるためにはどうすればいいのか？」と、選手たちに問いかけている。

こんなことをいままで聞かれたこともないし、考えたこともない選手がほとんどだから、誰も満足に答えられないのが普通である。しかし、いままで考えたことがないのなら、いまからでも、考えてみたらどうかと、私は選手たちに諭している。

人生に対して考え、仕事に対して考えることで、野球への取り組み方が一段と深くなる。一流の選手へと自分を伸ばしていくには、こういった思考が絶対欠かせない。

また、もう一点言いたいのは、人生は長いということだ。野球ができるのはせいぜい10年〜20年程度のものだ。人生80年としても、野球をする以外の人生のほうが、圧倒的に長いのだ。

ただ、野球がうまいだけでは、人生はうまくいかない。人間的に成長して、野球以外の部分でも評価されるようにならなければ充実した人生は送れないだろう。

野球以外のことには興味がまるっきりないといった「野球馬鹿」では、人生の後半が心配だ。人間教育に力を入れるのは、ある意味、私の親心でもある。

第３章

「問いかけ」で組織を伸ばす

仕事への取り組み方が変わる問いかけ

野球というスポーツは9人でやる団体競技であり、組織力の勝負だ。いくら4番を打てる強打者ばかりを集めたとしても、試合には勝てない。

つなぐことが得意な選手や、犠打が得意な選手、守備や走塁に卓越したものをもつ選手、左投手には極めて強い選手など、4番やエースといった主軸のまわりには、別々の特徴をもった脇役が必要だ。

そうした個々の特徴立った選手たちの集まりこそが、いちばん組織としての力を発揮する。そのため私は、育成や戦力補強においても、個々の戦力の特徴を際立たせていくことに主眼を置いていた。

たとえば、打率2割5分でホームラン10本の選手と、3割でホームランゼロの選手。どちらが組織に必要とされる選手だろうか。

どちらも似たようなものだと思うかもしれないが、私なら、3割でホームランゼロの選手を取る。2割5分、10本というすべてが平均的な選手は、使いやすそうに見えて、実は使いづらい。ホームランはなくても、3割という特徴をもった選手のほうが断然使いやすいのだ。組織にとっても、その選手が加わることでさらに力を発揮する。

しかし、選手のほうは、なかなかそういった視点で考えることができないものだ。プロに入ってくる選手は、これまでの野球人生において、4番を打ち、エースだった人間が多い。すると、プロでも4番になれるようがんばろう、エースになって活躍しようと考える。しかし、みながエースや4番になれるわけがない。席の数は決まっているのだ。

4番やエースの枠からあぶれたら、「組織のなかで、自分はどういう役回りなら、必要とされるのか」を考えてほしいのだ。

ただやみくもに4番やエースを目指してがんばっても、それは正しい努力とはいえない。正しい努力とは、正しい目標に向けた努力だ。

正しい目標とは、自分自身の能力と、チーム内の他選手の力量を客観的に評価することからはじまる。自分の強みのどこを伸ばせば、他の選手から抜け出して、この組織のなかで活躍できるのか。そういった視点で、この部分を強化し、こういう選手になっていこうと定めることが正しい目標といえる。

私は選手たちがそういった組織の視点から、自分を伸ばしていくことに気づいてほしくて、

「どういった駒になれば、君はチームに必要とされるだろうか？」

とよく問いかけていた。

ヤクルトの監督をやっていたころ、橋上秀樹という選手がいた。私が監督に就任した当初は、フリーバッティングになると彼は、バットを長くもってブンブン振り回していた。まだ高校から入団して7年目、高校時代のイメージで長距離打者を漫然と目指していたようだ。当時、彼が一軍で打ったホームランは1本にすぎなかった。

ある日、気持ちよさそうにバッティング練習をしている彼に近づいて、私はこう話しかけた。

「王はバットを一握り余らせて、打ったホームランが868本。オレは二握り余らせて657本。君はバットを目いっぱい長くもって、これまで何本のホームランを打ったんだ？」

彼は黙って聞いていたが、私はさらに、

「どういう選手になれば、君はチームに必要とされると思うか？」

と畳みかけた。彼は何も答えることができず、悔しそうな顔をしていたが、後日、彼が言うには、このときはじめて、いままでの練習への取り組み方が間違っていたことに気づいたという。

そこから彼は、自分と他のチームメイトの能力を客観的に見て、どのような選手を目指せば一軍で活躍できるのかを真剣に考えるようになったという。

橋上には、巨人の斎藤雅樹や広島の佐々岡真司ら右ピッチャーが投げるスライダーにまったく対応できないという弱点があった。同じ外野を守る選手には、左バッターの秦真司と荒井幸雄がいたが、バッティング技術では、彼らのほうが橋上よりも上だった。

しかし、守備力と走力では、橋上は秦や荒井を上回っている。この強みをどう生かすか。

そこで彼が考えたのが、「左ピッチャーに強くなる」ということだった。秦も荒井も左バッターなので、左ピッチャーには相性が悪い。左ピッチャーが投げるときには、自分を使ってもらおうと橋上は考えた。

それからというもの橋上は、バッティング練習でも、長打を狙わずセカンド方面に強いゴロを転がしたり、ライナー性の打球を打つようにしたりと、チームバッティングに徹した練習を繰り返した。

その正しい目標設定と、それに向けた努力は大きな結果となって実を結んだ。1992年、ヤクルトが15年ぶりに優勝したときには、プロ入り以来最多となる107試合に出場するまでに成長した。

日本シリーズ第6戦では、西武の左のエース、工藤公康からホームランを打って、チームの勝利に貢献した。

その後橋上は、楽天、巨人、西武、ヤクルトでコーチを歴任し、指導者としてもその手腕が評価されるようになった。

自分はこんな選手になりたいと、目標をもつことは大切だ。しかし、その目標が、自身の能力や、いまいる環境を考慮せずに設定したものでは、いつまでもその目標がかなわない可能性が高い。

橋上が、もしあのまま長距離打者を目指していたら、出場機会にも恵まれず、選手としての実績はもちろん、引退後の指導者の実績も築けなかったかもしれない。

個人の能力を引き出し、組織力も伸ばしていくためには、個々人が自分の特徴や置かれた環境を理解し、「どういう人材になれば、この組織で生きるのか」といった視点をもつことが必要だ。

そういった視点が個々人に植えつけられると、選手はもちろん、その組織もどんどん伸びていく。

自分の処遇に不満をもつものへの問いかけ

どのような組織であっても、何人か人が集まれば、自分の処遇に対して不満をもつものが必ず出てくる。これは、けっして避けられないことでもある。なぜなら、人は自己愛を前提に生きるものだからだ。

必然的に自分への評価は甘くなる。そのため、上司からの評価との間には、必ずギャップが生まれる。「俺はこんなにやっているのに、認めてくれない」、「俺は正当に評価されていない」と不満に思ってしまうのだ。

これは、プロ野球の世界においても同じことである。「俺はこんなに結果を出しているのに、使ってもらえない」などと、起用法について不満をもつ選手も多い。

私はそういった不満をもつ選手には、

「君は自己評価のなかで生きているのか、それとも他者からの評価のなかで生きているのか？」

と問うていた。

人間とは、自己評価のなかで生きているのではない。他者からの評価のなかで生きているのが現実である。

たとえば、バッティングの調子が上がってきていて、それなりに結果を残している選手がいたとしよう。その選手は、「結果を出しているのに、試合で使ってくれない」と不満を募らせている。

しかし、首脳陣は、その選手を別の視点で見ていることもある。守備の問題点が改善されないと、試合では使えないと考えていることだってある。そしてその選手が、守備面の修正をしていないと、いまだに試合では使われないということになる。首脳陣は、バッティングの面より、守備面の問題を重要視しているのだ。

このように、「打撃が好調だから試合に出られる」というのは、選手本人の評価でしかない。一方、首脳陣は、「守備が改善されていないので試合で使えない」と評価している。そして現実に、試合に出るか出ないかを左右しているのは、首脳陣の評価なのだ。

自分一人だけで生きていけるのなら、自己評価のなかで生きていくこともできるのかもしれない。しかし、人間はけっして一人では生きていくことができない。必ず、他の誰かと関わって、生きていくしかない。

どこまで行っても、他者からの評価がついてまわり、それによって現実はつくられていくのだ。「人生とは評価にはじまって、評価に終わる」と、ミーティングでもよく選手たちに話したものだ。

「ここは譲れない」というプライドや信念をもつことはいいことだ。しかし、自分がもっている価値観や、同じような見方を他者がしているとはかぎらないということだ。ましてや、自己評価となると、同じように他者があなたのことを評価している保証はどこにもない。

つまり、まったく別の人間の評価に囲まれて、私たちは日々、生きているのだ。このことに、選手たちには気づいてほしい。

その現実がわかれば、「俺はこんなにやっているのに、なぜ認めてもらえないいんだ」などと不満をもったり、誰かをうらんだりしても意味がないとわかる。

そんなことよりも、評価している人間はどこを見ているのか。なぜ自分の評価は低いのか。どうすれば、その人間の自分に対する評価は上がるのかといったことに思考を集中したほうが、自分のためになるとわかるはずだ。それが、現実を切り拓いていく近道なのだ。

このことに気づいてほしくて、「君は自己評価のなかで生きているのか?」と私は問い続けていた。

「○○だったらどう考えるか?」という問い

懸命にがんばっているのだが、カラを破れずに一流の域にまで行けないという選手は、複数の視点からものごとを見ることができない場合が多い。

「相手のピッチャーだったらどう考えるだろうか」、「監督だったらどう考えるだろうか」、「ライバルはどう考えるだろうか」……と、自分以外の立場に置き換えて、ものごとを見ることが得意な選手は確実に伸びていく。周囲から問題意識を敏感に感じることができるタイプであり、そこからヒントを得て自分を伸ばしていけるからだ。

たとえば打席に立って、相手ピッチャーの立場がわかれば、次に投げてくる球も予想できる。打席での勝負で勝つ可能性が高くなる。

監督の立場から考えることができるのなら、自分がどうすれば、組織のなかで最大限生きるのかもわかってくる。

ライバルの立場に立てれば、ライバルが優れている理由が見えてきたり、それを自分にも生かそうと考えることができる。

このように、立場を入れ替えて考えられるということが、その人間が成長したり、大きな成功を手にするには大いに役に立つのだ。

私は試合中でもよくベンチ内で、

「君があのバッターだったら、どう考えていると思う？」

「君がキャッチャーなら、いまどんなサインを出す？」

と選手たちに問いかけていた。こういう質問を繰り返すうちに、他者の視点から物を見るクセをつけてほしいと考えていた。

私がヤクルトの監督に就任したときのことだ。現在いる選手たちを把握すべく、全員の個人成績のデータや性格をチェックしたことがあった。そのとき目に留まったのが、池山隆寛だった。

ホームランは30本以上打っていたが、打率は2割5、6分、三振の数が100を超えていた。ホームランの数は認めるが、自分勝手なバッティングが多く、チームへ貢献する気持ちがとても薄い選手と思われた。

そこで私はユマキャンプで、池山と話す機会をもった。

「お前はブンブン丸と呼ばれているが、そのことをどう考えているんだ?」

「お前は監督やチームが何を求めているか、考えたことがあるか?」

と問いかけた。

そして、監督にとっては、毎年100以上も三振をされたら困るのだ。それは、チームが困るということだ。選手がなすべきことは、チームの成績を上げるために何ができるかを考えて、それを実践することだと説いた。

池山は、ブンブン丸という自分のキャラクターを否定され、悔しい表情を浮かべていた。さらに開幕戦で私は、池山を8番で起用したこともあり、とても屈辱に感じたに違いない。

しかし、私が説く「監督の立場からの視点」は、彼がこれまで思いをめぐらせたこともなかった見方で新鮮だったようだ。

確かに、池山の立場に立てば、これまで自分勝手な野球をやっていたことも当然だと理解できる。アマチュア時代はもちろん、プロ入りしてもチームの主軸として優遇されてきており、「チームにいかに貢献するか」などということは指導されたこともこれまでなかったのだろう。

必然的に、自分がいかに成績を残すか、いかに気持ちよく野球をやるか、といった視点だけしかもてなかったのだ。

しかし、野球とはそのようなことでは、けっして勝てない。「監督だったらどう考えるか?」といった私の問いかけで、初めて、「チームに貢献するためには」という視点を知ったに違いない。

池山も、最初は私の指導に不満を感じていたかもしれないが、次第に理解を示してくれるようになり、チームバッティングをする傾向も増え、チームリーダーとしての信頼を得るようになっていった。

2001年、ヤクルトが4年ぶりの日本一に輝いたとき、若松勉監督が、

「勝てたのは、池山のおかげです」

と語っていたのを聞き、彼がその後、チームを統率していける人間に成長したことをあらためて私も知った。

このように、「自分とは別の立場から、ものごとを見る」ということが、その人間の成長、成功のきっかけになることがあるのだ。そのためにも、指導者は常に、「○○の立場だったらどう考えるか?」という問いかけで、別の視点から考えるクセをつけさせていくことが大事だと私は考えている。

「あの人に話を聞いたらどうか？」という問いかけの効果

ここまで、疑問をもつものは伸びていくと述べてきた。問題意識をもち、試行錯誤することで、さまざまなヒントを得て人は成長していく。

しかし、どこまで考えても、また、どこまで練習をしても、答えが見えてこないときもあるものだ。そのようなときこそ、手を差し伸べるのが指導者の役割だ。

私がそのヒントをつかめるように選手たちに直接アドバイスすることもあるが、私よりも別の人間の話を聞いたほうがヒントになるかもしれないと思えるときもある。

そのようなときは選手たちに、

「○○から話を聞いてみたらどうだ？」

とよく問いかけたものだ。

人間が成長していくのは、タイミングが重要だ。いま、あいつの話を聞けば、あの選手には必ず役に立つに違いない、というときがあるのだ。そのタイミングを逃してはいけない。

かつて巨人で、江川卓と二枚看板で活躍した西本聖が解説者を務めているころ、よくキャンプ地に取材にやってきていた。

西本といえば、そのシュートが代名詞である。切れのあるシュートでゴロを打たせて、凡打の山を築いた。

西本が取材にきているときは、

「おい、西本にシュートの投げ方を聞いてきたらどうだ？」

と選手たちに何度か言ったものだ。

伸び悩んでいるピッチャーのなかには、投げられる変化球の種類、ストレートの威力などから、シュートを新たに覚えれば、大化けするかもしれないという選手がいるのだ。

そのような選手にとっては、いまほど、西本の話が貴重なことはない。彼の話が、必ずやその選手の何かを刺激するに違いないと考えて、「聞いてきたらどうだ？」と問いかけていた。

しかし、一つ心配な点もあった。私の現役時代に比べ、シュートを投げるピッチャーが、近年、減っていたのだ。それは、「シュートはひじを壊す」という説が、まことしやかに語られていたからだ。

そのためまず私は、シュートの第一人者である西本に、事の真偽を尋ねてみた。するると、
「誤解です。シュートはひじではなく、人差し指に力を入れて曲げるんです」

と答えるではないか。それで安心した私は、
「うちの若いのに、得意だったシュートを教えてくれないか」

と頼んでおいた。コーチたちにも、
「選手が外部の人間に指導を受けるかもしれないが、嫌な顔をしないように。むしろ、その場にコーチもついて行って、教えてくださいと言えば、解説者やOBも教

えてくれるはずだ」

と事前に言っておいた。

こうして、西本からシュートを教えてもらった選手は何人かいる。彼らにとって問題意識が高まっているタイミングでの西本の話は、大いに役に立ったに違いない。

指導者は、選手たちの向上心や問題意識が高まった瞬間を見逃してはならない。そのときこそ、乾いた土が水を一気に吸収するように、与えられたものをすべて自分の糧にすることができるからだ。

もし、部下の成長において、いまこそ話を聞くべきだという人間が思い当たるのであれば、その適任者の意見を仰ぐように部下の背中を後押しするのも指導者の役目だ。指導者は自らが指導することに、こだわる必要はない。

実際に私は、キャンプに入る前にはよく選手たちに、

「キャンプ中は必ず解説者やOBがくるから、どんなことでもいいから、いままで知りたいと思っていたことなど話を聞きに行って、ヒントを得てきなさい。何かプラスになることがあるかもしれない」

と勧めていた。

誰でもカベにぶつかって、苦悩するときがある。そのときに、指導者がヒントをほのめかすのも一つの手だが、それよりも、「○○の話を聞いてきたらどうだ?」と第三者の意見を聞くことを勧めるほうが、その人にとって有意義なヒントとなることがある。

その人間をじっくりと観察していれば、「いまこそ、あいつの話を聞くべきだ」、「あいつの話を聞かせてやりたい」と感じるときがあるものだ。そのタイミングを逃さず勧めることが、効果的だと考える。

リーダーに必要な聞く力とは

指導者ともなると、自分の考えを披歴したり、指示を与えたりするばかりで、部下の言うことを聞かないものも多い。しかし、個々の人材を伸ばしていくには、むしろ聞く力のほうが大切だ。

リーダーにとっての聞く力で、いちばん必要とされるのは「忍耐力」だ。問いかけたら、相手が答えを出すまでじっと我慢して待つことのできる忍耐力だ。簡単なように見えて、これがなかなかできない。

指導者はどうしても自分の考えを提示したくなるし、「こうしなさい」と指示をしたくなる。そういった行動の大部分は、自分の欲求を解消したいがためにとられているのだが、そのことに多くの指導者は無自覚だ。

自分の欲求ではなく、相手の成長を先に考えることができないと、なかなか忍耐強く待つことができない。

この点に、指導者自身がまず、気づかなくてはならない。

相手が答えを出す前に、先に指導者が答えを言ってはいけない。これは、鉄則だ。「答え」をこちらが与えるようであれば、選手は考えなくなる。いつも手とり足とり指導されていたら、自分で考えることができない人間になってしまう。選手が試行錯誤するのをじっと見守り、自力で答えを出すまで待つことで、その選手も本当に成長していくのだ。

先に答えを言わないことの利点は、他にもある。じっくり時間をかけて待っていると、どんな人間も仕方なく自分で答えを導き出すものだ。やっとの思いで考えた結果を選手が口にするとき、そこに思いもよらない視点が提示されることがあるのだ。

これは、指導者にとっても、たいへん貴重なヒントとなることがある。部下の意見だからと軽く見ず、先入観を排して耳を傾けるべきだ。

一方、指導者のほうも、その地位にあぐらをかくことなく、話を聞きたい、知りたいということがあれば、率直に教えを乞いに行くべきだ。私自身も監督になってからも、知りたいことがあれば、素直に頭を下げて話を聞きに行ったものだ。キャンプのときなどは、往年の名選手が取材者となって多数やってくるので、そういった機会に、「これは」ということを教えてもらったりした。

ただ、プロ野球の指導者ともなると大多数は、変なプライドがあって、なかなか人に意見を求めたりしない。こういった点は、あらためるべきだろう。

その点、アマチュアの指導者たちは、とても知識欲があり、謙虚に人の意見を聞く姿勢をもっている。

以前、実業団のシダックスの監督をしていたときなど、練習試合のあるたびに、スタッフに別室に案内され、そこで相手チームの監督、コーチから質問攻めにされることがよくあった。

こういった点はプロも見習うべきことだろう。

また、指導者にとって、部下に問いかける瞬間は、自身のレベルがあらわになるときともいえる。ただ、なんでも問いかければいいというものでも当然ない。

問いかけるほうにこそ、資質が求められる。あまりにレベルの低い質問や、その選手の置かれた状況にはピント外れなことばかり質問していると、相手に「程度の低い人だ」と思われるだけだ。これでは、選手は誰もついては来ない。

その選手の置かれた状況に合わせて、「なるほど！」と思えるようなヒントにたどりつけるように問いかけることが大切だ。

それは、指導者がこれまでどのように、野球なり、仕事なりに取り組んできたのかが問われる瞬間といってもいいのだろう。リーダーとしての深さや人間力が問われるのが、部下への問いかけでもある。

「○○が好きか?」で適性を見る

野球には9つのポジションがあり、それぞれに適性というものがある。適性をもったものが、そのポジションにつくことで組織力は生まれるようにできている。

そのため指導者は、まず、各人の適性を見抜かなければならない。適性を見抜き、それに合致したポジション、役回りを与えることが、育成のスタートである。

しかし、この適性を見抜くことはなかなか難しい。毎年、多くの新人がプロ野球界に入ってくるが、彼らはアマチュア時代から務めてきたポジションをプロでも志望するものだ。

アマチュア時代にピッチャーだったものは、プロに入ってもまずはピッチャーを目指し、キャッチャーをやっていたものは、プロでもキャッチャーをやる場合が多い。

しかしこれでは、本当の意味での適材適所には到底ならない。そもそも、アマチュア時代のポジションなどというものは、本人の適性を見て決められたものではない可能性が高いからだ。

たまたま、「キャッチャーがいないから、お前がキャッチャーをやれ」という一言からキャッチャーをはじめて、いまのいままでやってきたという選手もいる。本人の適性などということよりも、このポジションだと試合に出られるだとか、たまたま空いているといったチーム事情でポジションは決まっている場合が多い。

そして、選手本人も、アマチュアからやってきたポジションに疑問をもたず、そのポジションをプロでも志望するものだ。自分に適性があるかどうかなど、考えない場合がほとんどだ。

プロで受け入れる指導者のほうも、アマチュア時代の実績から、そのポジションをそのままやらせることが当たり前のように感じている部分があることも問題だ。

まずは、指導者側が、そういった先入観を取り払って、その選手をゼロベースで見るべきなのだ。プロ入り時に、彼らの適性をあらためて精査してあげなければならない。

身体能力や性格、技術的なものを見れば、ある程度はその適性がプロの指導者ならわかるものだが、私はもう一つ、「そのポジションが好きかどうか」といった部分をたいへん重要視していた。

やはり、「好きこそものの上手なれ」といわれる通り、好きなものには没頭して取り組み、技術の上達も早い。厳しい努力も、好きだからこそ苦もなくできるという面がある。

そのため私は、適性を生かし切れていないように感じる選手には、

「君は○○が好きなのか？」

と問いかけて確認していた。

ヤクルトの監督に就任した年のことだ。キャンプ初日に、私はコーチに指示をして、足の速い選手を全員、集めてもらったことがあった。

バッティング、ピッチングには好不調の波があるが、足にはスランプがない。そこに着目し、機動力を起点にして、チームを立て直していこうと私は考えていた。5、6人の足の速い選手が集められていたが、そのなかにいたのが90年代、ヤクルトのセンターで活躍する飯田哲也だった。身長はそれほど高くなかったが、チームでもずば抜けて足が速く、肩も強い。こんな選手がいたのか、と驚いたのを覚えている。

しかし不思議なことに、守備練習がはじまると、飯田はキャッチャーミットをもってきた。こんなすばらしい足をもっているのに、キャッチャーなどやらせていたら、数年で鈍足になってしまう。

肩はいいが、体が大きいわけでもなく、キャッチャーの緻密さを備えているようにも見えない。私は、彼の足の速さや身体能力を生かすには、別のポジションがいいのではないかとどうしても思えた。

そこで私は彼に、なぜ、キャッチャーをやるようになったのか尋ねてみると、高校時代に「肩が強いから」という理由だけで、キャッチャーにすえられたと言うではないか。

確認の意味も込めて、

「君はキャッチャーが好きなのか?」

と問いかけると、「はい」でも「いいえ」でもない表情で、黙っている。キャッチャー出身の私に対して、「いいえ」とは言いづらかったのかもしれない。

いずれにしても、こう問われたときに、即座に「好きです」と答えられない様子を見て、キャッチャーをこのままやらせてもいいことはない。むしろ、コンバートしたほうがいいと私は確信した。

「君のキャッチャーミットは私が買ってあげるから、そのお金で君は野手用のグラブを買いなさい」

と指示をして、その日から野手へと転向した。

その後、飯田は外野手となって、水を得た魚のように活躍するようになっていった。私がヤクルトの監督をしていた9年間はセンターの不動のレギュラーとして活躍し、ゴールデングラブ賞を7回も獲得するまでの選手に成長した。

とにかく彼の運動能力は野生動物のようにすばらしく、東京ドームの試合前の練習で外野のフェンスを簡単によじ登ってしまうほどだった。そんな様子を見て私は、「お前なら野球をやっていなくても、何かの競技で必ずオリンピックに出てるよ」と、なかば呆れて言ったものだ。

このように、飯田の例は、適材適所がうまくいった成功例といえよう。適材適所とはその人間の特性が、もっとも生きる場所に配置するということだ。

では、その人間の生かすべき特性とはどこなのか。

これは、「他の人間が努力してもなかなか得られないような部分」ということだ。飯田の俊足や運動能力は誰かが努力して身につけることができないものだ。そういった部分にこそ着目し、そこが存分に生きるように配置することが大切だ。

野球にかぎらず、一般社会の仕事においても同じことが言えるのではないだろうか。「前の会社でもこの仕事をしていた」、「ずっとこの職種をやっています」などといった理由だけで、疑問ももたずに同じことをさせるのは組織力向上のチャンスを逃すことにはならないのだろうか。

あくまでもその人材における、他人が真似することのできない特性とは何か。そしてそれを生かすにはどのような配置がいいのかと考えることが、組織を預かるものには大切だと私は考える。

そういった観点であらためて人材を見ていったとき、特性を生かし切れていないと思われる人や、ただ漫然とこれまでと同じことをやっていると感じられる人がいたら、あらためて、「君はそれが好きなのか？」と問いかけてみるとよいだろう。

そのときに、「好きです」と即答できないようなら、その人材にはもっと適切な役割があるのだと私は思う。

「相手の嫌がることは何か？」という問い

強い組織とは、状況に応じて個々が、常に自分で考えて動く組織だ。野球というスポーツでは、刻々と変化していく試合中には、いちいち細かな指示をベンチが出している時間などない。個々が自分で判断して主体的に動かないかぎり、組織は機能しない。

しかし、自分で判断しろと言われても、選手のほうでも困ってしまうときがある。「いま、監督が望んでいるのは何だろうか？」と迷ってしまうことも出てきてしまう。そのため指導者は、個々が自身の裁量で判断する際の基準を明確にしておく必要がある。

私は選手たちに、どうするか迷ったときは、「相手がいま、何をされたらいちばん嫌がるか」を第一優先に考えなさいと指示していた。

つまり、常に、「相手の嫌がることは何か？」を自問しながらプレーしなさいということだ。

これが徹底されれば、個人が判断することも容易になるし、第一、みなが漫然とプレーすることもなくなる。いつでも、「相手の嫌がることは何か？」と自問しながら、行動を起こせばいいのだ。

コーチたち首脳陣にも、このことは徹底していた。翌日の試合の対策を練る際も、「相手ベンチはどうされると嫌がるか」、「相手ピッチャーはどうされると嫌がるか」といったところから作戦を考えなさいと指示を与えていた。

常にリーダーの指示を仰がなくても、個々が状況に応じて自分で判断して動く組織は強い。そしてその判断の基準が、みなに徹底されていれば、組織は一つの方向に相乗効果を生んで進んでいける。

指導者が、そういった基準を各人が常に確かめられるように提示しておくことは、組織力向上には欠かせないことだ。

指導者が常に自問すべきこと

　ここまで、指導者がいかに選手に問いかけて、選手の能力や組織力を伸ばすかを述べてきたが、実は、指導者も常に自分自身に問いかけるべきことがあると私は考えている。

　日々、選手たちと接するなかで、彼らへの言動が「愛情」から出たものであるかどうかは、常に指導者自身が自問自答すべきことだ。

　プロ野球の世界は勝負の世界だ。つい気持ちが高ぶって、感情的になってしまうこともある。

　選手のミスを叱るときなど、典型例だ。叱る目的は、そのミスから相手の成長を促すことにある。それなのにいつの間にか感情的になって、指導者の憂さ晴らしが

「目的」となってしまうことが往々にしてある。このようなことは、慎まなければならない。求められているのは、選手への愛情を背景とした叱責である。

また、意外に思うかもしれないが、「ほめる」ときも同様に、それが愛情から出ているものかどうか自問するべきだ。

私はめったに選手たちをほめなかった。「人間をダメにする方法、それはほめることだ」と言っていたくらいだ。最近の流れは、ほめて育てるという手法が主流らしいが、私はそうは思っていない。

人間の成長は、向上心をなくしたとき、確実に終わる。まだまだ、現状に満足できないという気持ちがあるかぎり、人は成長していけるのだ。逆に、現状に対する満足感が大きくなってくると、さらに上を目指して努力していく気持ちが削がれてしまう。

ほめるという行為は現状肯定の行為であり、言われたほうの心のどこかにも、必ず「ゆるみ」を生むのだ。だから私は、めったに選手をほめなかった。ほめるのは長い選手人生のなかでも、その選手が誰にも相手にされない下積みからようやく一軍に上がれるようになってきた、そのタイミングしかほめないようにしていた。

その後、その選手が一軍の主力となっていっても、そこからはけっしてほめたりなどせず、さらなる成長を目指すように、むしろ厳しい言葉を投げかけるようにしていた。各人がしのぎを削り、日々厳しい鍛錬をしている高いレベルの争いでは、向上心が少々鈍っただけでも、そこから脱落していくことになる。

それほど、「ほめる」という行為は難しい。だからこそ、誰かをほめたときも、それが本当に選手への愛情から出たものなのか指導者は自問するべきだろう。

ほめるほうが、選手も喜ぶし、言った指導者も嫌われることはない。誰でも、嫌われるよりは、好かれるほうがいいと思うものだ。そのような意識が指導者のどこかにあると、選手に対しても安易にほめてしまうことがある。

実はそのようなほめ言葉より、厳しい言葉のほうが、相手の成長を促すことが多いのだ。選手に嫌われないようにしようというのは、指導者自身のためでしかない。

また、指導者が自分のために発した言葉は、基本的に相手の心には届かないものだ。どんな甘い言葉、美辞麗句を並べても、それが必ず選手の心に刺さっているとはかぎらない。

言われたことに対して、「はい」、「わかりました」と言ってはいても、心までは本当に動いていない場合がある。結局、大事なのは、言葉のウラになってくるのだ。

その言葉の背景に、選手への愛情がなければ、相手の心にはけっして響かないものだ。どんなに耳あたりのいいことを言っても、指導者の自己保身や、親身なふりをしていることなどは、選手には必ず見破られる。

だからこそ、指導者の立場にあるものは、常に自分の言動が部下への愛情から発せられているものか自問しなければならない。

第4章

「感性」を鍛えると人は成長する

「感じる力」を磨くことが、問いかける力を向上させる

ここまでこの本では、自問することによって自分の能力を引き出す方法や、問いかけによって他者の潜在能力を開花させ、組織力を伸ばす方法を述べてきた。いずれも、「問いかける力」によって、成長を促すというものだ。

この章では、この「問いかける力」をどのようにすれば、身につけることができるのか、どうすれば自分のなかの「問いかける力」を高められるのかを述べていく。

そもそも、人や組織を成長させる「問いかけ」の背景にあるものは、「なぜだろう」という問題意識である。

周囲の何気ないものを見ても、「すごい」、「気になる」、「奇妙だ」、「本当だろう

か」、などなど、何かを感じることが、まずスタートだ。感じたことから思考がはじまり、それが「なぜだろう」、「どうしたらいいのだろう」といった問題意識につながっていく。

問題意識をもつためには、まず、「感じる力」がなくてはならない。すべては、周囲の事物から何かを「感じる」ことがスタートなのだ。

たとえば、バッターが打席に立って、相手ピッチャーの1球目を見る。極端なことを言えば、このとき、「速いな」と感じるだけでも、いいのだ。「速いな」と感じたものは、次は「この速い球をどう打つか」と考える。そこに問題意識が生まれる。

しかし、何も感じなかったものは、せいぜい、「次はがんばるぞ」と気合を入れるくらいだろう。人は感じるから、考えるのである。

周囲の事物から何かを感じられるものは、それが問題意識となり、その人間の成長の糧となっていく。問いかける力を鍛えるということは、問題意識をもつように、「感じる力」を鍛えることと同じだ。

私もよく、監督時代は、「感じる力を鍛えなさい」、「鈍感は悪だ。鈍感人間は何をやっても伸びない」と、ことあるごとに選手たちに言い聞かせてきた。

選手たちの将来性を見抜こうと、独自の「テスト」をしたこともよくあった。バッティング練習のときなど、選手がベンチを出て行ったあとに、こっそりとボールを1、2個無造作にベンチ前に転がしておくのだ。

そして、しばらくして練習が終わって、選手たちがベンチに戻ってくるときの様子をこっそり見るのだ。

いつもはボールなど落ちていないところに、ボールが転がっている。それなのに、足元にボールがあることに気づかなかったり、気づいてもまたいで行くような人間がいる一方、パッと気づいて、ボールを拾って片づける人間もいる。

前者のような鈍感な選手は、正直言って将来が心配だ。逆に、後者のように目配り、気配りができる選手は、些細なことを感じる力をもっており、当然、前者よりも伸びていく可能性が高いと私は見ていた。

感じる力は、成長の原点なのだ。実際に、プロでも一流といわれる選手は、敏感で感じる力が鋭い。「どうしてそんなところまで」と思えるような細かなところに、こだわりや疑問をもっているものだ。

かつて私がヤクルトの監督時代、現役だった落合博満がバッターボックスに入る仕草がどうしても気になって仕方ないことがあった。

彼は主審の肩越しからマウンドを必ず見てから、バッターボックスに入るのだ。その動きが不思議で、ベンチ内でもよく、「なぜ、落合はああいう動きをするんだ？あれが気になるんだ」としきりにぼやいていたものだ。

後年、落合と同じチームになった選手が語っていたところによると、あれは、マウンド上のピッチャーズプレートから、ホームベースまでが真っ直ぐになっているか目視していたのだと本人が言っていたという。

確かにピッチャーズプレートが一塁側や三塁側にずれている球場もあるが、それはほんのわずかのことである。このズレを目視し、バッターボックスでのストライクゾーンのイメージを微調整していたという。

このような細かな違いを感じられる選手は、まずいないだろう。この感性の鋭さが、落合を一流にしているのだ。

「小さなことを感じられない人間には、大きなことはできない」と私はミーティングでよく言っていた。

感じる力を磨いていくことで、人は一流の域にまで行くことができる。感じる力が問題意識を育み、「問いかける力」を向上させるからだ。

無難型人間をやめてみないか

感じる力を鍛え、感性を鋭くすることが、問題意識をもつための第一歩であるとは前述したが、感性などというものは生まれもったもので、鍛えようがないと思う人もいるだろう。

確かに、もともと周囲に目配りができ、些細なことにも気がつく人はいるものだ。しかし、人間とは環境がつくるものでもある。自分の心がけ、日々の過ごし方次第で、感じる力を伸ばすことはできる。

私自身、もともとキャッチャー向きの性質ではあったと思うが、プロで長年キャッチャーを務めているうちに、現在のように感性が鋭くなっていったと自覚している。

キャッチャーとは、日々、相手との戦いである。バッターや走者、ベンチや守備の様子などなど、周囲のかすかな変化を感じ、そこから相手の動き、心理を読んで戦略を練るのが仕事である。ある意味、さまざまなものを、疑いのまなざしで見て、背景を探る習性が自然と身についてくる。

このような生活をしていたことで、私の感性は随分鍛えられたと感じている。そうした経験から、「感性」においても、素質ではなく、後天的に鍛えることができると私は考えている。

まず、感性を鍛えるために言えることは、「無難な人間」をやめることが必要だ。無難な道と挑戦する道の二つの道があったとき、きまって無難なほうを取る人間は、感性を鍛えられない。この手のタイプには、鈍感型人間が多いものだ。

キャッチャーという仕事を例にとって説明してみよう。

キャッチャーにとっての、「バッター攻略の原点は、アウトコース低めである」と、私は常々言っていた。そして、「サインにどうしても困ったときは、アウトコース低めだ」とキャッチャーたちに指導していた。

しかしこれは別の見方をすると、「ここに投げておけば、長打はないだろう」といった無難なサインであるともいえる。

楽天の監督2年目のとき、ルーキーだった嶋基宏を一人前のキャッチャーにするべく、つきっきりで指導していた。キャッチャーはさまざまな情報を記憶して、試合中に瞬時に戦術として組み立てることが仕事である。そのため、ある程度「頭のいい奴」でないと務まらないというのが私の持論だが、嶋の中学校時代の通信簿をマネージャーに取り寄せさせて確認したところ、オール5だったこともあり彼を抜擢することにした。

しかし、彼にも意外な弱点があった。私が、「サインに困ったときは原点だ。原点とはアウトコース低めだ」と指導していたからか、思い切ってインコースを攻める配球の組み立てができないのだ。

あまりにアウトコースが多いので、「お前はいつも困っているのか」と聞くと、「はい」と答えられて頭を抱えてしまったこともあった。

こういった無難なサインに終始してしまう選手は、厳しい言い方をすると、責任感に乏しいといえる。キャッチャーの仕事には、「打たれたらサインを出した俺の責任」と考えられる責任感が絶対不可欠だ。

どうしても無難なサインを出してしまうというのは、失敗したときに、その責任を背負う覚悟が薄いからだ。「困ったときはアウトコース低め」という指導者から言われた定石で勝負すれば、打たれても自分は責任を負わなくていいという甘えがそこにある。

しかしそれでは、いつまでたっても、キャッチャーとしての成長はない。キャッチャーの仕事は、ボールがバッターの前を通る際のバッターの反応を観察し、そこから何かを感じ取って、次の配球を組み立てるものだ。そこには、キャッチャー独自の視点や考え方が求められる。

だから嶋に対しても、

「右目でボールを見て、左目でバッターの反応を見ろ」

「バッターの反応から何か感じないのか?」

といつも言っていた。

しかし、当時の嶋には、マスクを被っていても何も感じることができなかったのだ。だから、無難なリードに終始していたのだろう。

もちろんその後、嶋はゴールデングラブ賞やベストナインを獲得するまでのキャッチャーに成長したが、私が楽天の監督在任中は、私の言うことがなかなか理解できなかったと言っていた。

このように、無難なほうを選び、挑戦をしないうちは、感性が働き出さないのだ。逆に、「全責任は自分が負う」という覚悟をして、自分の力で挑戦しようとする人間は、どうしたらうまくいくかを真剣に考える。なんの考えもなく、当てずっぽうでサインを出すものはいない。自分なりに、「勝てる」という根拠をもって、サインを出すようになる。

そのため、バッターの瞬時の変化を必死に読もうとするから、相手の動きを感じる力もどんどん研ぎ澄まされていくのだ。

キャッチャーの事例にかぎらず、一般的に、いつも挑戦をせず、無難な選択をする傾向のある人は、責任感が希薄だと私は考えている。

そのような傾向をあらため、ときにはリスクを背負う腹を決めて、挑戦の道を選ぶようになれば、必然的に感性は鍛えられるはずだ。

自分自身で挑戦しようというときは、感性を鋭くし、必ず自分で思考するはずだからだ。

伸びていく人のデータの見方

データを見る際にも、その見方で感性を鍛えることができる。

データ野球というと、私の代名詞のように言われることもあるが、私がデータを自分なりに取り出したのは南海時代からである。その当時はまだ、データという言葉すらなかった。しいて言えば、「傾向」という言い方をしていた。

私はキャッチャーとして、１３０試合、バッターを観察し、その狙いを読んで配球を組み立てることが仕事だ。そのため、それぞれの打者に、どういう傾向があるのか分析する必要がある。そこで、個々のデータをノートにメモするようになっていったのだ。

いまでは当たり前のことだが、その当時は、そんなことを考える人はほとんどいなかった。そこから私は、データ収集、解析にのめり込み、その精度はどんどん上がっていった。

しっかりデータを取ると、いろいろなことが見えてくるのだ。たとえば、対戦相手のピッチャーの投球データを集めたとする。

それを、「カウント別」、「状況別」、「イニング別」などに分けて見ていくと、さまざまなことがわかる。「このカウントになると変化球がくる」、「走者がいないとストライクをどんどん投げてくるが、走者を背負ったとたん、慎重に攻めてくる」、「試合序盤は真っ直ぐで押してくるが、後半は変化球が50パーセント以上になる」などといったような傾向が見えてくる。

いくつもあるデータのなかから、切り口を設定して、有益な情報にすることがデータ分析の基本だろう。膨大なデータから、「このカウントになると、80パーセントの可能性で変化球がくる」、「このカウントになると、このバッターはヤマを張ってくる」、「試合の後半は投げてくる球の50パーセントが変化球になる」といったように、明確な傾向として抽出することが、データの読み方の基本といっていいのだろう。

こういったことは、多くの人がすでに日々、やっていることではないだろうか。私は、ここにもう一つ、「データの背景を読む」という見方をつけ加えたい。

つまり分析結果で、「このカウントだと、80パーセントの可能性で変化球がくる」とわかったのなら、なぜ、そのカウントになると、このピッチャーは変化球を投げてくるのだろうかと考えるということだ。

どういう理由で、どういった心理が作用して、この投手はこのとき変化球を投げてくるのか。その答えを自分なりに考えることが、データを見る際にはもっとも重要だと私は考えているのだ。

このようにデータの背景にあるもの、心理などを考察することで、その対象への理解がさらに深まり、他の部分の推測にも役立つことがある。また、いままでまったく気づかなかった別の大事な視点に、思い至ることだってあるのだ。

データを見るときにこのような見方をするクセがついてくると、データ以外のいろいろな事象を目にした際にも、その背景に思いをはせることも自然とできるようになってくる。

まさにそういった能力こそが、周囲から何かを敏感に感じる力、問題意識をもつ力そのものだといえる。

模倣することで問題意識は高まる

「人の技術を盗む」ということも、感性を鋭くする第一歩だ。「盗む」と言うと人聞きが悪いが、「真似る」と言い換えてもいい。

プロ野球界には、高い技術をもった選手が多数いるが、彼らもみな、一から十まですべて自分でオリジナルの技術をつくり出したわけではない。必ずお手本とする誰かの模倣から入り、そこに自分流の改良を加えながら、その高い技術を身につけているものがほとんどだ。

だからこそ私は、技術習得を目指している選手たちに、「まず、模倣から入りなさい」と指導していた。

私自身も、第１章で前述した通り、山内一弘さんのバッティングフォームを真似ることで、自分のバッティング技術をつくっていった。

私がプロ入りしたころのパ・リーグの代表的スラッガーは、中西太さんと山内一弘さんだった。まず私は、中西さんのバッティングフォームを真似て、自分のものにしようと必死に努力した。

しかし、数ヵ月やっても、どうしても自分にしっくりこない。自分には向かないのだとそこで悟り、今度は、山内さんの技術を模倣していった。打撃の職人といわれた山内さんは、変化球打ちには定評があり、当時、変化球を打てずに苦しんでいた私にとっては、なんとしても盗みたい技術であった。

そして、毎日、毎日練習することで、なんとか自分のものにできそうな感触をつかむことができた。技術を模倣するといっても、ただ真似をするだけでは、単なる形態模写にすぎない。

体格も筋力も、野球センスも、自分は山内さんと違うのだから、そこを微妙に改良しながら野村流のバッティングをつくっていったのだ。

このように、なんらかの技術を習得したいというときは、これはと思う人の模倣から入ることが近道なのだ。

そして、人の技術を模倣するということが、感性を鍛えることにもつながっている。いままで感じなかった問題意識にも、気づかせてくれる。

全身全霊で技術を模倣しようというとき、まず、観察力が研ぎ澄まされる。一つ一つの動き、相手の言動、考え方にも敏感になるものだ。

穴が開くほど相手の体の動きをじっくりと見て、相手の言葉にも聞き耳を立て、どう考えているのかも推測しながら、一つ一つの動作を順に模倣していく。こういった過程をへることで、細部へ目配りすることにも長けてくる。

また、人の技術を真似ていくなかで、自分のこれまでのやり方の間違っていた点、よい点に気づくこともある。実際に体を動かしていくと、相手の技術のなかに疑問に感じる点も出てくる。模倣することで、感性が鋭敏になると、さまざまな気づきを得ることができるのだ。

そして、その気づきのすべてが、技術力向上にはプラスになる。だからこそ、私は、「まず模倣してみなさい」と言うのである。

これは野球だけではなく、一般社会においてもあてはまることではないだろうか。どのような仕事でも、自分もあのようになりたいという高いレベルの先輩がいたら、その人の仕事のやり方を模倣してみるのだ。

営業のやり方を身につけたいというのなら、それを真似てみてもいいし、プレゼンのうまさを自分も身につけたいと考えるのなら、その部分を模倣してもいい。一挙手一投足を観察して模倣してみると、そこで必ず何かに気づくはずだ。

先輩流のよさを残しつつ、そこに自分ならではの手法をアレンジして、自分の技術をアップさせていくことは、どのような場面でも可能なのではないだろうか。

このような技術力の向上法が、感じる力を鍛えることにもつながっている。若いときは、誰かの真似をするのは嫌だなどと思いがちだが、そんなこだわりは捨てて、身の回りにいるお手本を探してみるのだ。そして、そのお手本を、試しに模倣してみればいい。得るものは、必ず大きいはずだ。

真剣に模倣をするときには、観察力が最大限発揮され、感性も研ぎ澄まされてくるだろう。

感性を鋭くする読書法

人間にとって読書は、内面の成長を促す手っ取り早い手段だといえる。私も現役選手を引退したあと、自分の無知無学を痛感して、読書に励むようになった。

野球評論家となって最初に招かれた講演会では、途中で言葉が出てこなくなり本当に会場から逃げ出したくなったのを鮮明に覚えている。この一件で、人前で話すことにはまったく自信を失ってしまい、妻の沙知代に、今後、講演依頼があってもすべて断ってくれと頼んだくらいだった。

しかし沙知代は、「もう野球はできないのよ。そんなときに講演でわざわざ呼んでいただけるなんて、ありがたいと思わないとだめよ」と言って、どんどん講演のスケジュールを組んでしまう。

そこで、どうすれば講演でうまく話せるのか、師として仰いでいた評論家の草柳大蔵さんに相談に行った。すると草柳さんは開口一番、

「野村さん、とにかく本を読みなさい」

とアドバイスをしてくれた。それまでも野球に関係するものはよく読んでいたが、この言葉をきっかけに私は、古典、哲学、歴史、政治、経済などさまざまな分野の本を読み漁った。

この経験が、のちの評論家生活はもちろん、プロ野球の監督業の礎となったのだった。

野球のことであれば、たいていのことはわかるし、自分の経験からつかんだ独自の方法論もいくつも知っている。しかし、引退当時の私は、それを人に伝える「言葉」を知らなかったのだ。

現役のときに、技術論を後輩に教えるのであれば、自分の体を動かして実際にやってみせればそれで済んだ。

しかし、引退して評論家となって、一般の方たちにもわかるように伝えるとなる

と、野球以外の知識ももっていなければならない。

感覚の世界を明快に説明したり、表現で、聞く人、読む人を引きつけるには、言葉を知らなければ無理だと痛感した。

その点、読書をすれば、さまざまな野球以外の知識や表現、言葉を学ぶことができる。

古典のなかの一節や、各界の偉人たちが残した言葉などは、的を射ていて、誰にとってもわかりやすい。そういったものを知っていることで、自分の考えを伝える際の手助けになることもある。

監督をするとなると、野球だけではなく、自分なりの組織論や人生論が必要となってくるが、そういったものも、読書を通じて形成することができる。

評論家であったこの時期、必死に読書をすることで、私はさまざまな分野の知識、多様な言葉と表現を学ぶことができた。

読書にはもう一つの効果があると私は考えている。それは読み手の感性を鋭くし、問題意識を高めるという効果だ。

　私はさまざまな分野の本を乱読したが、いつも自分の携わっている野球のために読んでいるという目的意識をもっていた。もちろん読書のスタイルは人それぞれであって、私のスタイルが正解というわけではない。

　しかし、もし自分の感性を鋭くしたい、自分を成長させたいと考えているのなら、私のやり方を一度試してほしい。

　目的意識をもって読書をするとは、私の場合は、読みながらも常に、「野球に置き換えたらどうなるか」と自問しながら読むということだ。

　たとえば、吉川英治の本にこんな一節がある。

「やさしい、難しい、どっちも本当だ。しかし、難しい道を踏んで、踏んで踏み越えて、真に難しいを苦悩したうえで、はじめてやさしい。これを知った人でなければ本物ではない」

　この言葉を読みながら、私は主語に「野球は」を入れたらどうなるかを考えてみた。すると、これが野球の真理を言い当てていることに気がつく。

野球のプレーも、やさしく見せるのがプロであり、難しいプレーこそ簡単にやらねばならない。そうしたプレーをするためには、難しさを経験し、知らなければならないといえる。

このようにいろいろな分野の本を読んでいても、興味深い内容に出会ったら必ず、「野球に置き換えたらどうだろうか？」と考えながら読んでいた。そうすることで、さまざまな発見、問題意識に出会えるからだ。

それらは、漫然と読書をしているだけでは気づけなかったヒントかもしれない。

読者のみなさんも、感性を鋭くし、さまざまなヒントを発見したいと考えているのなら、読書の際も常に、自分の仕事や趣味など興味の対象を念頭におき、「〇〇に置き換えたらどうだろうか？」という読み方をすることがとても役に立つに違いない。

「計画・実行・確認」が伸びる人の基本

私はよくミーティングなどで、仕事の基本として、「計画・実行・確認」を徹底するようにと選手、コーチたちに話していた。

このようなことは、一般の社会人の方なら当たり前のことだと思うだろうが、恥ずかしながら、プロ野球界ではまだこうした認識が薄いのが現状だ。

たとえば選手育成の現場を例に挙げてみよう。

まずは計画を立てることからはじまる。長期的に見て、何年くらいでどういった選手にするのかを想定する。そしてそのためには、今シーズンの取り組みはどうすればいいのか。さらに、このキャンプではどういう目標を設定して、どう練習していくのか。

このように、長・中・短期の計画を立てなければならない。

そしてその計画に沿って、各選手が取り組み、現場のコーチはその通りやっているか、過不足はないかをチェックしてサポートする。

そのように取り組んでいき、計画の節目には、その達成具合を確認することが大切だ。

シーズン終了時、キャンプ終了時などに、計画していたレベルに選手たちが成長しているのかをチェックするのだ。

この「確認の段階」が、成長には欠かせない。さまざまな気づきを得て、問題意識が高まるチャンスといえる。

もし、計画していたレベルに選手が伸びていないのだとしたら、その原因はどこにあるのか。そして、それを踏まえて、これからどう対処するのか。そこを検証することで、その選手の今後の成長が可能となるのだ。

こういった「計画・実行・確認」の過程を、どのようなことであっても徹底するように私は指示していた。

計画や実行は、まだそれなりにできるかもしれない。しかし、確認の段階をしっかりやっているという人は意外に少ない。

ただ、達成したか、しないかをチェックするだけでは意味がないのだ。達成できなかったとしたら、それはなぜなのか。そして、それに対してどう対処するのかまで自問して考え抜くことが、確認である。

「達成はできなかったけど、次はがんばるぞ」というだけで済ませてしまっては、成長がそこにはない。

野球だけではなく、日々の仕事なども、「計画・実行・確認」を常に意識して取り組むことが大切なのではないか。

これが習慣になっている人は、普通の人よりも多くのことに気づくことができる。問題意識も当然高まり、それによってどんどん成長していけるのだ。

伸びていく人間とは、この基本に日々、忠実に取り組むものといえるだろう。

固定観念を疑う習慣をつける

　感じる力を鍛え、問題意識を育むためには、固定観念というものを、疑ってかかるクセをつけることも大切だ。

　いままでなんの疑いもなくやってきたもの、定説と言われているようなものを、漫然とそのままにしているときには、そこに新たな疑問も問題意識もけっして生まれない。

　逆に、そういうものを疑う姿勢が習慣となると、日々、多くの問題意識やヒントを感じられるようになるはずだ。

「通説ではこう言われているが、本当だろうか？」、「いつもこのやり方をしているが、これで本当にいいのだろうか？」といった疑問から、いろいろな気づきやヒントを得られるはずだからだ。

私がミーティングなどで、「固定観念は悪である」と選手たちによく言っていたのはそういった理由からだ。

私がこのように考えるようになったのには、一つのきっかけがあった。まだ、一軍のレギュラーになって間もないころのことだ。

プロ野球選手の使うバットは木製であるため、芯を外してボールを打つと、バットはすぐ折れてしまう。しかし当時の私は、年俸も安く、替えのバットを十分に買うこともできずにいた。

そのため、練習などでバットを折ってしまうと、先輩たちのところに行って、頭を下げてバットを譲ってもらうということをよくやっていた。

ある日、バッティング練習中にバットを折ってしまった私は、いつものように譲ってもらおうと先輩たちのところに行くと、その日にかぎって、いつも私が使っているようなグリップの細いタイプのバットが1本もない。

仕方なく、グリップの太いバットをもらって、練習をすることになった。

グリップの太いバットは、非力な短距離打者向けと言われており、長距離打者であった私はこれまで一度も使ったことがなかったものだ。

しかし、まず、素振りをしてみて驚いた。いままでのバットと違う、しっくりくる感じがするのだ。

そしてバッティングゲージに入り直して、打ちはじめると、なんと、ポンポンポンポンと面白いようにスタンドまでボールは飛んでいく。

この感触のよさに虜となった私は、早速、次の試合からこのバットを使い出したが、試合でも面白いように打球が飛んでいく。そこでついに、「自分にはこちらのバットのほうが合っている」と確信したのだった。

長距離打者はグリップの細いバットを使ったほうがよいというのは、その当時の私たちの通説であった。グリップの細いバットのほうが、手首を返しやすく、ボールに力がよく伝わるという見方は、ある意味、正しいところもあるのかもしれないが、私に関していえば、違った。

私はその後、このグリップの太いバットを使い続けることで、ホームランバッターとしての能力を開花させることができたのだ。

もし、あのままグリップの細いバットを使っていたら、６５７本のホームランを打つことができたのか、わからない。

オールスターに出場したときなどは、王にどんなバットを使っているのか尋ねられて見せてみると、

「ノムさん、こんな太いのを使っているの！　もっと細いのを使えば、ホームランが増えるんじゃない」

と驚かれたこともあった。

これほど、当時のバットに対する通説は浸透していたのだ。しかし、それはまったく当てにならないものでもあった。

私はそんな経験をしたからこそ、「固定観念にとらわれてはいけない」と考えるようになったのだ。

固定観念にとらわれているようでは、成長のチャンスを逃すことにもなりかねない。常に固定観念を疑うことが、成長を促すと知った。

もう一つ、固定観念が成長を妨げる例を挙げよう。

私には「大学出身のキャッチャーはプロで大成しない」という持論がある。これは、大学出身のキャッチャーたちが、大学時代にピッチャーの球を何も考えずに受けてきた場合が多く、そのスタイルが自分の形にすでになってしまっているからだ。いくらプロで配球など、キャッチャーとして「考える」ことを教えても、なかなか身につかない。

大学のピッチャーはそこそこのレベルがそろっているから、考えなくてもよかったという側面がそこにはある。

ただ、このように間違ったやり方を「当たり前のこと」と感じてしまっている人間に、それをあらためさせるのは、指導者にとってとても難しいことなのだ。

生半可な知識や経験ほど、質《たち》の悪いものはない。そういったものを選手がもっていると、こちらがいくら指導しても、聞く耳をもたないことがある。「いままで自分はこれが正しいと思ってきたが、別のやり方もあるのか」と素直に納得できる人間は、本当に少ない。

これもある種の、固定観念といえるだろう。こうあるべきだ、こういうものだという思い込みがない選手のほうが、いろいろなことに疑問や関心をもち、大きく成長していける。

だからこそ私は、新人キャッチャーを育てる際は、すでに出来上がっている選手、色のついている選手をなるべく避けて、固定観念に染まっていないタイプを選んで抜擢してきたつもりだ。

しかし、多かれ少なかれ、どんな人間にも、なんらかの固定観念は当然ある。そういったものにとらわれているうちは、自分の成長のチャンスを逃すことにもなりかねない。

ときには立ち止まって、いつもの取り組み方や、当たり前に感じていることを疑ってみることは大いに意味のあることだ。

また、通説や定説、常識などと誰かに言われることは、まず、「本当だろうか？」と考える習慣をつけるべきだ。そこにこそ、成長の大いなるヒントがあるかもしれないからだ。

自分の小さな思い込みなど壊して、常に客観的に事物を見ることができれば、成長のチャンスは大きく広がることは間違いない。

あとがきにかえて

本書の企画を野村克也監督に依頼したのは、２０１９年11月末のことでした。そして企画内容の打ち合わせをへて、最後のインタビューを終えたのが、２０２０年２月５日でした。

その６日後、２０２０年２月11日に、野村克也監督は84歳でご逝去されました。最後のインタビューの際もいつもとお変わりなく、冗談をおっしゃって場の雰囲気を和ませてくださいました。まだまだお聞きしたいことがたくさんあったのに、本当に残念でなりません。

ここに生前のご厚情に深く感謝するとともに、心よりご冥福をお祈り申し上げます。

本書は、その最後のインタビューをもとに、書籍化したものです。

詩想社 書籍編集部

詩想社新書

詩想社新書発刊に際して

詩想社は平成二十六年二月、「共感」を経営理念に据え創業しました。なぜ人は生きるのかを考えるとき、その答えは千差万別ですが、私たちはその問いに対し、「たった一人の人間が、別の誰かと共感するためである」と考えています。

人は一人であるからこそ、実は一人ではない。そこに深い共感が生まれる——これは、作家・国木田独歩の作品に通底する主題であり、作者の信条でもあります。

私たちも、そのような根源的な部分から発せられる深い共感を求めて出版活動をしてまいります。独歩の短編作品題名から、小社社名を詩想社としたのもそのような思いからです。

くしくもこの時代に生まれ、ともに生きる人々の共感を形づくっていくことを目指して、詩想社新書をここに創刊します。

平成二十六年

詩想社

野村克也（のむら　かつや）

1935年、京都府生まれ。54年、京都府立峰山高校卒業。南海ホークスへテスト生で入団。4年目に本塁打王。65年、戦後初の三冠王（史上2人目）。MVP5度、首位打者1度、本塁打王9度、打点王7度。ベストナイン19回、ゴールデングラブ賞1回。70年、南海ホークス監督（捕手兼任）に就任。73年、パ・リーグ優勝。のちにロッテ・オリオンズ、西武ライオンズでプレー。80年に45歳で現役引退。90年、ヤクルトスワローズ監督に就任、4度優勝（日本一3度）。99年から3年間、阪神タイガース監督。2002年から社会人野球・シダックスのゼネラル・マネジャー兼監督。06年から09年、東北楽天ゴールデンイーグルス監督。2020年2月11日逝去。『野村ノート』（小学館）、『なぜか結果を出す人の理由』（集英社）、『言葉一つで、人は変わる』、『成功する人は、「何か」持っている』（詩想社）など著書多数。

詩想社
— 新書 —

33

「問いかけ」から
すべてはじまる

2020年 8 月19日　第1刷発行

著　　者　野村克也
発 行 人　金田一一美
発 行 所　株式会社 詩想社
〒151-0073　東京都渋谷区笹塚1—57—5 松吉ビル302
TEL.03-3299-7820　FAX.03-3299-7825
E-mail info@shisosha.com

D　T　P　中央精版印刷株式会社
印刷・製本　中央精版印刷株式会社

ISBN978-4-908170-29-4